UNIVERS DES LETTRES

Sous la direction de Fernand Angué

RACINE

PHÈDRE

Tragédie

avec une notice sur le théâtre au XVIIᵉ siècle,
une biographie chronologique de Racine,
une étude générale de son œuvre,
une **analyse méthodique de la pièce**,
des extraits de l'*Hippolyte* d'Euripide
et de la *Phèdre* de Sénèque,
des notes, des questions

par

Jean SALLES
Agrégé des Lettres
Directeur de l'École supérieure des Lettres
à Beyrouth

BORDAS PARIS - BRUXELLES - MONTRÉAL
GEORGE G. HARRAP & Cᵒ LTD LONDON
SPES LAUSANNE

Gravure de Girodet

© Bordas 1973 nº 965 734 006   Printed in France
I.S.B.N. 2-04-008386-3 (I.S.B.N. 2-04-000851-9 1re publication)

LE THÉÂTRE AU XVIIe SIÈCLE

Origines du théâtre parisien

1398	Les Confrères de la Passion sont établis à Saint-Maur.
1400	Le Synode de Troyes défend aux prêtres d'assister aux spectacles des mimes, farceurs, jongleurs, comédiens.
1402	Les Confrères s'installent à Paris (hôpital de la Sainte-Trinité) et y présentent des mistères, des farces, des moralités.
1539	Ils transportent leurs pénates à l'Hôtel de Flandre.
1543	Celui-ci démoli, ils font construire une salle à l'emplacement de l'hôtel des anciens ducs de Bourgogne (angle des rues Mauconseil et Française : il en reste la Tour de Jean-sans-Peur et une inscription au n° 29 de la rue Étienne-Marcel), tout près de l'ancienne Cour des Miracles.
1548	Un arrêt du Parlement défend aux Confrères la représentation des pièces religieuses, leur réservant en retour le droit exclusif de jouer les pièces profanes (on commence à composer des tragédies imitées de l'antique). Henri IV renouvellera ce monopole en 1597.

Les troupes au XVIIe siècle

1. L'Hôtel de Bourgogne. — Locataires de la Confrérie, les « Grands Comédiens » (Molière les nomme ainsi dans *les Précieuses ridicules*, sc. 9) sont des « artistes expérimentés » mais, vers 1660, leur équipe a vieilli. Pour lutter contre la concurrence de Molière, elle s'essaye dans la petite comédie, la farce : « On vit tout à coup ces comédiens graves devenir bouffons », écrivit Gabriel Guéret. A partir de 1670, ils reviennent à la tragédie où éclate leur supériorité (selon le goût du public). Ils touchent une pension de 12 000 livres, que leur avait fait obtenir Richelieu.

2. Le Théâtre du Marais, qui fit triompher *le Cid* en 1637, n'a plus, en 1660, « un seul bon acteur ny une seule bonne actrice », selon Tallemant des Réaux. La troupe cherche le salut dans les représentations à grand spectacle, les « pièces à machines » pour lesquelles on double le prix des places. Elle ne touche plus aucune pension.

3. Les Italiens sont animés par Tiberio Fiurelli, dit Scaramouche (né à Naples en 1608), mime d'une étonnante virtuosité. Ils improvisent sur un canevas, selon le principe de la *commedia dell'arte*. S'exprimant en italien, ils sont « obligés de gesticuler [...] pour contenter les spectateurs », écrit Sébastien Locatelli. Ils reçoivent 16 000 livres de pension générale et des pensions à titre personnel.

4. La troupe de Molière s'est installée à Paris en 1658, d'abord au Petit-Bourbon, puis au Palais-Royal; en 1665, elle est devenue la Troupe du Roi et reçoit 6 000 livres de pension.

5. L'Opéra, inauguré le 3 mars 1671 au jeu de paume de Laffemas, près de la rue de Seine et de la rue Guénégaud, est dirigé, à partir de l'année suivante, par Lully.

6. Autres troupes plus ou moins éphémères : celle de Dorimond; les Espagnols; les danseurs hollandais de la foire Saint-Germain; les animateurs de marionnettes. Enfin, de dix à quinze troupes circulent en province, selon Chappuzeau.

En 1673 (ordonnance du 23 juin), la troupe du Marais fusionne avec celle de Molière qui a perdu son chef. Installés à l'**hôtel Guénégaud**, ces comédiens associés se vantent d'être les Comédiens du Roi; cependant, ils ne touchent aucune pension.

En **1680** (18 août), ils fusionnent avec les Grands Comédiens; ainsi se trouve fondée la **Comédie-Française**. « Il n'y a plus présentement dans Paris que cette seule compagnie de comédiens du Roi entretenus par Sa Majesté. Elle est établie en son hôtel, rue Mazarini, et représente tous les jours sans interruption; ce qui a été une nouveauté utile aux plaisirs de cette superbe ville, dans laquelle, avant la jonction, il n'y avait comédie que trois fois chaque semaine, savoir le mardi, le vendredi et le dimanche, ainsi qu'il s'était toujours pratiqué. » (Préface de Vinot et La Grange pour l'édition des œuvres de Molière, 1682.)

Les comédiens : condition morale

Par ordonnance du 16 avril 1641, Louis XIII les a relevés de la déchéance qui les frappait : « Nous voulons que leur exercice, qui peut innocemment divertir nos peuples de diverses occupations mauvaises, ne puisse leur être imputé à blâme, ni préjudice à leur réputation dans le commerce public. »

Cependant, le *Rituel du diocèse de Paris* dit qu'il faut exclure de la communion « ceux qui sont notoirement excommuniés, interdits et manifestement infâmes : savoir les [...] comédiens, les usuriers, les magiciens, les sorciers, les blasphémateurs et autres semblables pécheurs ». La *Discipline des protestants de France* (chap. XIV, art. 28) dit : « Ne sera loisible aux fidèles d'assister aux comédies, tragédies, farces, moralités et autres jeux joués en public et en particulier, vu que de tout temps cela a été défendu entre les chrétiens comme apportant corruption de bonnes mœurs. »

On sait comment fut enterré Molière. Au XVIIIe siècle, après la mort d'Adrienne Lecouvreur, Voltaire pourra encore s'élever (*Lettres philosophiques*, XXIII) contre l'attitude de l'Église à l'égard des comédiens non repentis.

Les comédiens : condition matérielle

Les Comédiens gagnent largement leur vie : de 2 500 livres à 6 000 livres par an; ils reçoivent une retraite de 1 000 livres lorsqu'ils abandonnent la scène (à cette époque, un charpentier gagne une 1/2 livre par jour). La troupe forme une société : chacun touche une part, une moitié ou un quart de part des recettes, — déduction faite des frais. Le chef des Grands Comédiens touche une part et demie. Molière en touche deux, à cause de sa qualité d'auteur.

LA QUERELLE DU THÉATRE

La condamnation des « mistères sacrés » par le Parlement de Paris en 1548 ne visait pas seulement les scènes réalistes, parfois même burlesques, qu'ils avaient fini par contenir. Elle témoignait déjà d'une méfiance des moralistes chrétiens à l'égard du théâtre; cette méfiance persista avec plus ou moins de sévérité jusqu'au XVIIIᵉ siècle. Malgré la protection de Richelieu, puis de Mazarin, les comédiens, frappés d'excommunication, étaient l'objet de la réprobation du clergé (voir *les Comédiens : condition morale*, p. 4). Ils s'efforçaient cependant de se défendre contre ces interdits : ils assistaient aux offices; en 1659, ils firent chanter un *Te Deum* à la paroisse Saint-Sauveur pour célébrer la paix des Pyrénées; la troupe de Molière, suivant en cela une pratique sans doute habituelle, distribuait des aumônes à certains couvents de Paris.

Les auteurs protestaient de leurs bonnes intentions ; Corneille écrivait en 1660, dans son *Premier Discours sur le poème dramatique :* « La première utilité du poème dramatique consiste aux sentences et instructions morales qu'on y peut semer presque partout. »

Les Jansénistes restaient fermement hostiles au théâtre : Pascal notait (la remarque a pris place dans les *Pensées*, éd. Brunschvicg, I, 11) : « Tous les grands divertissements sont dangereux pour la vie chrétienne, mais entre tous ceux que le monde a inventés, il n'y en a point qui soit plus à craindre que la comédie. »

Les hardiesses du théâtre comique

Les comédies de Molière remirent le feu aux poudres. En 1664, *Tartuffe* déchaîna la colère de la Compagnie du Saint-Sacrement, de l'archevêque de Paris, du Président de Lamoignon : le curé Roullé demandait que l'on brûlât la pièce et son auteur. L'année suivante, *Dom Juan* fut également interdit (voir l'éd. Bordas p. 19). Le Roi, quelles que fussent ses sympathies pour Molière et pour le théâtre en général, ne pouvait faire front contre la cabale. Tous les coups portaient alors sur la comédie; et c'est justement contre un poète comique, Desmarets de Saint Sorlin, auteur d'une pièce intitulée *les Visionnaires*, que Nicole lança sa lettre en 1665 (voir p. 8).

L'intervention de Racine

L'auteur de *la Thébaïde* et d'*Alexandre* put se croire visé par les mots d'« empoisonneur public »; sa riposte fut d'une violence qui, par delà Nicole, s'en prenait à la rigueur janséniste : « Nous ne trouvons point étrange que vous damniez les poètes, vous en damnez bien d'autres qu'eux... Hé! Monsieur, contentez-vous de donner les rangs dans l'autre monde, ne réglez point les récompenses de celui-ci » (*Lettre à l'auteur des « Hérésies Imaginaires » et des deux « Visionnaires »*, janvier 1666). Les réponses de Port-Royal ne furent pas plus tendres.

De son côté, le prince de Conty, qui avait protégé autrefois la troupe de Molière mais qui était devenu « dévot », publiait en 1667 un *Traité de la Comédie* où il s'en prenait en particulier à Corneille; celui-ci répliqua dans la préface d'*Attila*.

Même l'abbé d'Aubignac, jusque-là défenseur de la tragédie, avouait que « le théâtre se laisse retomber peu à peu dans sa vieille corruption ».

L'apaisement

Un certain apaisement se fit jour après 1668. Molière put faire jouer librement son *Tartuffe* dès 1669; il déclare, dans sa Préface : « Je ne puis nier qu'il n'y ait des Pères de l'Église qui ont condamné la comédie; mais on ne peut pas me nier aussi qu'il n'y en ait qui l'ont traitée un peu plus doucement. » Cela n'empêcha pas l'application des lois contre les comédiens, lors de ses funérailles en 1673.

Racine entreprit, sans doute bien avant 1677, de se rapprocher de Port-Royal. Mais c'est dans la préface de *Phèdre* que les allusions sont les plus précises : le poète ne souhaite-t-il pas (voir p. 34, l. 85 et suiv.) « réconcilier la tragédie avec quantité de personnes, célèbres par leur piété et par leur doctrine »? Le Grand Arnauld déféra à ce souhait, du moins en ce qui concerne Racine.

La fin du siècle

Un regain de sévérité contre le théâtre se produisit lorsque la Cour tourna à l'austérité, sous l'influence de Madame de Maintenon : les Comédiens Français durent quitter la salle de la rue Guénégaud en 1687 et ils eurent le plus grand mal à en trouver une autre; le Roi cessa d'aller au théâtre vers 1692.

La querelle reprit avec violence en 1694 : un religieux, le Père Caffaro, plaida, dans une *Lettre d'un théologien*, la cause du théâtre, sur un ton bien modéré; cependant, il s'attira des ripostes virulentes, en particulier celle de Bossuet; celui-ci, dans ses *Maximes et Réflexions sur la Comédie* (1694), condamnait non seulement la comédie « où la vertu et la piété sont toujours ridicules, la corruption toujours excusée et toujours plaisante, et la pudeur toujours offensée », mais aussi la tragédie parce que « l'on y voit, l'on y sent l'image, l'attrait, la pâture de ses passions ».

Les gestes d'hostilité à l'égard des acteurs durèrent jusqu'à la mort de Louis XIV, et même au-delà. Quant aux acteurs, ils durent, dans les dernières années du règne, soumettre leurs pièces à la censure.

LA VIE DE RACINE (1639-1699)

1639 (22 décembre)   Baptême de Jean Racine, fils de Jean RACINE, contrôleur du grenier à sel de la Ferté-Milon, et de Jeanne SCONIN, fille de Pierre Sconin, procureur royal des Eaux et Forêts de Villers-Cotterêts. Les Racine prétendaient avoir été anoblis vers la fin du XVIᵉ siècle.

1641 (28 janvier)   Mort de Mᵐᵉ Racine qui avait mis au monde, le 24 janvier, une fille baptisée Marie.

1643 (6 février)   Mort du père (remarié en 1642) : il ne laisse que des dettes. D'abord élevés par leur grand-père Sconin, à la mort de ce dernier les deux orphelins sont pris en charge par leur grand-mère paternelle, Marie DESMOULINS, marraine du petit Jean, et dont la fille Agnès (née en 1626) devait devenir abbesse de Port-Royal sous le nom de Mère AGNÈS DE SAINTE-THÈCLE. De treize ans son aînée, Agnès se montre pour l'enfant une vraie mère, ce qui explique les remontrances qu'elle lui fera plus tard, quand elle craindra pour son âme.

1649   A la mort de son mari, Marie Desmoulins emmène Jean à **Port-Royal** où elle a des attaches (une de ses sœurs, Suzanne, était morte en 1647 dans la maison de Paris; l'autre, Mᵐᵉ Vitart, était oblate à Port-Royal des Champs) et où elle-même prend le voile.

1649-1653   Racine est admis aux **Petites Écoles** tantôt à Paris, tantôt au Chesnay ou aux Champs, dans le domaine des Granges où les élèves logent avec les Solitaires. Il a Nicole pour maître en Troisième.

1654-1655   Classes de Seconde et de Première au Collège de Beauvais, qui appartient également aux Jansénistes.

1655-1658   Retour à **Port-Royal des Champs.** « Lancelot lui apprit le grec, et dans moins d'une année le mit en état d'entendre les tragédies de Sophocle et d'Euripide » (Valincour à l'abbé d'Olivet, cité dans l'*Histoire de l'Académie*, 1858, t. II, p. 328). La formation que Racine a reçue de l'helléniste Lancelot, du latiniste Nicole, d'Antoine Le Maître et de « Monsieur » Hamon, tous hommes d'une piété austère, aura une influence considérable sur son œuvre, et explique qu'on ait pu voir des chrétiennes plus ou moins orthodoxes en Phèdre et Andromaque. Peut-être aussi cette éducation sévère a-t-elle fait de Racine un replié qui explosera dès qu'il en trouvera la liberté : c'est l'opinion de Sainte-Beuve.

1659   A sa sortie du Collège d'Harcourt, où il a fait sa philosophie, Racine demeure à Paris où il retrouve Nicolas Vitart, cousin germain de son père et secrétaire du duc de Luynes. Il manifeste quelque tendance à mener joyeuse vie et semble avoir fait connaissance, dès cette époque, avec La Fontaine. Ambitieux, désireux de faire une carrière littéraire, il recherche avec habileté la faveur des grands.

1660   Ode en l'honneur du mariage du roi : *la Nymphe de la Seine*. D'après Sainte-Beuve, Chapelain aurait déclaré : « L'ode est fort belle, fort poétique, et il y a beaucoup de stances qui ne peuvent être mieux. Si l'on repasse le peu d'endroits que j'ai marqués, on en fera une fort belle pièce. » Aussi intéressante, pour le jeune arriviste, est la gratification de cent louis qui accompagne ce compliment.

1661   Retraite à **Uzès** chez son oncle, le chanoine Sconin, vicaire général, dont il espère recevoir le bénéfice. Il étudie la théologie et... s'ennuie. D'Uzès, il écrit à La Fontaine : « Toutes les femmes y sont éclatantes, et s'y ajustent d'une façon qui leur est la plus naturelle du monde [...]. Mais comme c'est la première chose dont on m'a dit de me donner de garde, je ne veux pas en parler davantage [...]. On m'a dit : *Soyez aveugle!* Si je ne le puis être tout à fait, il faut du moins que je sois muet; car, voyez-vous, il faut être régulier avec les réguliers, comme j'ai été loup avec les autres loups vos compères. *Adiousas!* »

1662   Déçu de n'avoir obtenu, pour tout bénéfice, qu'un petit prieuré, Racine revient à Paris où, en janvier 1663, il publie une ode : *la Renommée aux Muses*. Il voudrait sa part de la manne royale dont tout le monde parle dans la République des Lettres : la première liste officielle de gratifications sera publiée en 1664 et le jeune poète sera inscrit pour 600 livres.

1663 (12 août)   Marie Desmoulins meurt à Port-Royal de Paris.

1664 (20 juin)   Première représentation de **la Thébaïde ou les Frères ennemis** par la troupe du Palais-Royal que dirige Molière.

1665   Lecture de trois actes et demi d'*Alexandre* chez la comtesse de Guénégaud (4 décembre). Puis représentation de la tragédie par la troupe de Molière avec un grand succès. Saint-Evremond écrit une dissertation sur l'*Alexandre* de Racine et la *Sophonisbe* de Corneille. C'est alors que Racine se **brouille avec Molière** : il porte sa tragédie chez les comédiens de l'Hôtel de Bourgogne.

1666   Nicole faisait paraître, depuis 1664, une série de *Lettres sur l'Hérésie imaginaire* (c'est-à-dire le jansénisme) : les dix premières seront nommées *les Imaginaires*, les huit suivantes *les Visionnaires*. Dans la première *Visionnaire*, Nicole traite le « faiseur de romans » ou le « poète de théâtre » d' « empoisonneur public, non des corps, mais des âmes des fidèles ». Racine répond : « Vous pouviez employer des termes plus doux que ces mots d'*empoisonneurs publics* et de *gens horribles parmi les chrétiens*. Pensez-vous que l'on vous en croie sur parole? Non, non, Monsieur, on n'est point accoutumé à vous croire si légèrement. Il y a vingt ans que vous dites tous les jours que les Cinq Propositions ne sont pas dans Jansenius; cependant on ne vous croit pas encore. » La raillerie « sent déjà Voltaire », observe F. Mauriac.

1667 (mars)   Maîtresse de Racine, la comédienne **Thérèse Du Parc** quitte la troupe de Molière et crée **Andromaque** à l'Hôtel de Bourgogne. Ils se marièrent secrètement (le chanoine Chagny en a fourni la preuve en 1962) et eurent une fille qui mourut à l'âge de huit ans.

8

1668 (décembre)   Mort de la Du Parc, dans des conditions assez mystérieuses :
la mère parle d'empoisonnement [1].

1669 (13 décembre)   Échec de *Britannicus*, malgré la protection déclarée
du roi. La tragédie a eu pour interprète la nouvelle maîtresse de
Racine, la **Champmeslé**, « la plus merveilleuse comédienne
que j'aie jamais vue : elle surpasse la Desœillets de cent lieues loin »
(Mme de Sévigné, 15 janvier 1672).

1670 (21 novembre)   Première de *Bérénice*. Racine entre en lutte ouverte avec
Corneille. D'après Fontenelle (*Vie de Corneille*, 1729), le sujet aurait
été proposé au poète par Henriette d'Angleterre, qui l'aurait également
suggéré à Corneille, sans dire ni à l'un ni à l'autre qu'elle engageait une compétition. Les plus récents historiens littéraires, dont
M. Pommier, n'ajoutent pas foi à cette tradition. En 1660, comme
Titus, Louis XIV avait triomphé de sa passion (pour Marie Mancini,
nièce de Mazarin) : on tenait à l'en louer.
Racine mène alors une vie agitée. Les ennemis ne lui manquent pas :
les deux Corneille et leur neveu Fontenelle; les gazetiers Robinet
et Donneau de Visé; la comtesse de Soissons (chez qui s'est retirée
la mère de la Du Parc), la duchesse de Bouillon, les ducs de Vendôme
et de Nevers... Mais il a de puissants protecteurs dans le roi,
Mme de Montespan et sa sœur Mme de Thianges; il a deux bons amis :
La Fontaine et Boileau.

1677 (1er janvier)   Première de **Phèdre**. La cabale montée par la duchesse
de Bouillon et son frère le duc de Nevers (ils avaient commandé à
Pradon *Phèdre et Hippolyte*) fait tomber la pièce.
(1re juin)   Mariage de Racine avec Catherine de ROMANET : il en
aura sept enfants.
(Octobre)   Racine et Boileau nommés **historiographes** du roi.
Le 13 du mois, Mme de Sévigné écrit à Bussy : « Vous savez bien que
[le roi] a donné 2 000 écus de pension à Racine et à Despréaux, en
leur commandant de tout quitter pour travailler à son histoire. »
Ainsi la retraite de Racine est due à cette ascension sociale, non à
sa conversion qui eut lieu la même année; pour la même raison,
à partir de 1677, Boileau cesse d'écrire des vers et, dans sa préface
de 1683, il parlera du « glorieux emploi qui [l'] a tiré du métier de
la poésie ».

1679   La Voisin, une des principales inculpées dans **l'affaire des poisons**,
accuse Racine : elle a entendu dire, par la mère de la Du Parc,
qu'il n'aurait pas été étranger à la mort de la comédienne.
Désormais, selon M. Clarac, Racine aura « en horreur sa vie passée ».

1. Elle accuse Racine d'avoir agi par jalousie. Ainsi débute l'affaire des
poisons. En 1670, on trouve chez la marquise de Brinvilliers un attirail d'em-
poisonneuse. Arrêtée en 1676, porteuse d'une confession écrite qui terrifie
les enquêteurs, elle est bientôt exécutée. Mais l'on a découvert une véritable
bande de femmes qui vendaient des poisons appelés « poudres de succession ».
Le roi convoque une Chambre ardente : elle fait arrêter les coupables et
enregistre la dénonciation faite par la Voisin. En janvier 1680, un ordre
d'arrestation sera lancé contre Racine mais, par suite d'une très haute intervention, l'affaire en restera là pour le poète.

1685 (2 janvier) Racine, directeur de l'Académie française, reçoit Thomas Corneille qui remplace son frère dans la docte assemblée. Faisant un bel éloge de l'ancien rival, Racine déclare : « A dire le vrai, où trouvera-t-on un poète qui ait possédé à la fois tant de grands talents, tant d'excellentes parties : l'art, la force, le jugement, l'esprit ! Quelle noblesse, quelle économie dans les sujets ! Quelle véhémence dans les passions ! Quelle gravité dans les sentiments ! Quelle dignité, et en même temps quelle prodigieuse variété dans les caractères ! »

1687 Racine donne une nouvelle édition de son théâtre. Sa conversion ne l'a donc pas conduit à négliger son œuvre passée et à se rallier aux vues de Nicole.

1689 (26 janvier) Première représentation d'**Esther,** pièce sacrée commandée par Mme de Maintenon pour les « demoiselles de Saint-Cyr ».

1690 Racine est nommé **gentilhomme ordinaire du roi** et, en 1693, faveur insigne, sa charge deviendra héréditaire. Dans un texte rédigé entre 1690 et 1697 (Spanheim, *Relation de la Cour de France,* 1882, p. 402), on lit : « M. de Racine a passé du théâtre à la cour, où il est devenu habile courtisan, dévot même [...]. Pour un homme venu de rien, il a pris aisément les manières de la cour [...] et il est de mise partout, jusques au chevet du lit du Roi, où il a l'honneur de lire quelquefois, ce qu'il fait mieux qu'un autre. »

1691 (5 janvier) Représentation d'*Athalie* à Saint-Cyr, sans décor ni costumes.. Les conditions de ce spectacle amèneront Francisque Sarcey à se demander s'il ne serait pas possible de jouer les grandes pièces classiques « dans une grange ».

1691-1693 Racine accompagne le roi aux sièges de Mons et de Namur, mais il n'est resté de son œuvre d'historiographe que des récits fragmentaires. Sa pension sera double de celle de Boileau.

1693-1698 *Abrégé de l'histoire de Port-Royal,* écrit à la gloire de ses anciens maîtres pour lesquels il ne cesse de s'entremettre auprès du roi. Nouvelle édition des *Œuvres complètes,* augmentées de pièces diverses et de *Quatre Cantiques spirituels.* L'amitié de Racine pour les jansénistes ne trouble pas ses relations avec le roi, quoi qu'on en ait dit : il continue d'être invité à Marly et, le 6 mai 1693, Boileau écrira à Brossette que « Sa Majesté a parlé de M. Racine d'une manière à donner envie aux courtisans de mourir s'ils croyaient qu'Elle parlât d'eux de la sorte après leur mort ».

1699 (21 avril) Mort de Racine. Son « petit testament » exprime ces volontés :

> *Je désire qu'après ma mort mon corps soit porté à Port-Royal des Champs, et qu'il soit inhumé dans le cimetière, aux pieds de la fosse de M. Hamon. Je supplie très humblement la mère abbesse et les religieuses de vouloir bien m'accorder cet honneur, quoique je m'en reconnaisse indigne, et par les scandales de ma vie passée, et par le peu d'usage que j'ai fait de l'excellente éducation que j'ai reçue autrefois dans cette maison, et des grands exemples de piété et de pénitence que j'y ai vus et dont je n'ai été qu'un stérile admirateur. Mais plus j'ai offensé Dieu, plus j'ai besoin des prières d'une si sainte communauté pour attirer sa miséricorde sur moi. Je prie aussi la mère abbesse et les religieuses de vouloir accepter une somme de huit cents livres.*
>
> *Fait à Paris, dans mon cabinet, le 10 octobre 1698.*

1711 (2 décembre) Après la destruction de Port-Royal, les cendres de Racine sont transférées, avec celles de Pascal, à Saint-Étienne-du-Mont.

Racine «n'a jamais connu par expérience ces transports qu'il a si bien dépeints» (*Mémoires* sur la vie de Jean Racine par son fils Louis)

Portrait de Racine par J.-B. Santerre ▶ Collection privée

Photos Bulloz

Portrait présumé par Fr. de Troy ▶ Musée de Langres

Racine « fait des comédies pour la Champmeslé » (Mme de Sévigné). « Son tempérament le porta à être railleur, inquiet, jaloux et voluptueux » (*Bolœana*, p. 108)

RACINE : L'HOMME

Au physique, nous ne connaissons guère le jeune Racine car « le seul portrait de Racine qui présente de sérieuses garanties d'authenticité est celui que peignit Santerre deux ou trois ans, vraisemblablement, avant la mort du poète » (R. Picard, II, p. 1145). Ses contemporains disent qu'il était beau et ressemblait au roi.

Passionné, il fut aimé autant qu'il aima. Trop longtemps comprimé dans le milieu rigoriste de son enfance (voir p. 7), il eut tendance à confondre l'indépendance du jeune homme avec la débauche; mais, sensible à l'excès, il sut plus tard être bon père.

Le cruel Racine tend aujourd'hui à effacer le doux et tendre Racine de la légende. « Comme il sait mordre, comme il sait être arrogant, blessant, méprisant, brutal! Si on ne l'admirait pas tant, on le haïrait. Quand on l'attaque, il se défend et se débat comme un diable. Il rugit, il bondit, il déchire sa proie avec ses crocs cruels, il larde les visages, il hurle de douleur et de fureur. C'est un tigre enragé » (Jean-Louis Barrault, *Mon Racine*). Légende nouvelle? Non. « Fourbe, traître, ambitieux, méchant », affirmait Diderot. Et l'on ne récusera pas ce témoignage de Boileau, ami des premiers jours et des derniers : « Railleur, inquiet, jaloux et voluptueux » (d'après Jean Pommier, *Revue d'histoire littéraire de la France*, octobre 1960). Cependant, **le grand Racine** garde son mystère, que F. Mauriac devine : « Nous avons perdu le secret de Jean Racine : le secret d'avancer continûment dans la vie spirituelle, d'y progresser, de n'en point laisser derrière nous des parcelles vivantes, attachées encore à la boue. Simplicité de Jean Racine [...]. Aucune voix ne lui crie que ce qu'il détruit de lui-même, c'est justement l'essentiel; que tout en nous, même le pire, doit servir à créer l'irremplaçable dont nous recélions les éléments. Racine se délecte à se simplifier. »

RACINE : SES PRINCIPES

Homme de théâtre, il exigeait de ses interprètes la perfection : ce serait la raison pour laquelle, d'après son fils, il aurait retiré *Alexandre* aux acteurs de Molière, dont il était mécontent (voir p. 8).

Écrivain, il nous a révélé ses scrupules dans ses préfaces :
En 1664, dans la dédicace de *la Thébaïde*, il parle du « don de plaire », qui lui paraîtra toujours la qualité majeure d'un écrivain.

En 1666, dans la première préface d'*Alexandre*, il attaque les « subtilités de quelques critiques, qui prétendent assujettir le goût du public aux dégoûts d'un esprit malade, qui vont au théâtre avec un ferme dessein de n'y point prendre de plaisir, et qui croient prouver à tous les spectateurs, par un branlement de tête et par des grimaces affectées, qu'ils ont étudié à fond la *Poétique* d'Aristote » : première attaque contre les formalistes.

Que reproche-t-on à mes tragédies, demande Racine, « si toutes mes scènes sont bien remplies, si elles sont liées nécessairement les unes avec les autres, si tous mes acteurs ne viennent point sur le théâtre que l'on ne sache la raison qui les y fait venir et si, avec **peu d'incidents et peu de matière**, j'ai été assez heureux pour faire une pièce qui les a peut-être attachés malgré eux, depuis le commencement jusqu'à la fin? ».

Une tragédie n'est que « l'imitation d'une action complète où plusieurs personnes concourent », lit-on dans la première préface de *Britannicus* (1670); mais « d'une action simple, chargée de peu de matière, telle que doit être une action qui se passe en un seul jour, et qui, s'avançant par degrés vers sa fin, n'est soutenue que par les intérêts, les sentiments et les passions des personnages ».

On n'écrit pas une tragédie, en effet, pour les pédants, mais pour « le petit nombre de gens sages auxquels [on s'] efforce de plaire ». La préface de *Bérénice* (1671) précise certains points; notamment la brièveté et la simplicité de l'action :

« La durée d'une tragédie ne doit être que de quelques heures. » « Ce n'est point une nécessité qu'il y ait du sang et des morts dans une tragédie; il suffit que l'action en soit grande, que les acteurs en soient héroïques, que les passions y soient excitées, et que tout s'y ressente de cette **tristesse majestueuse** qui fait tout le plaisir de la tragédie. »

La simplicité de l'action était « fort du goût des anciens. Car c'est un des premiers préceptes qu'ils nous ont laissés [...]. Et il ne faut point croire que cette règle ne soit fondée que sur la fantaisie de ceux qui l'ont faite. Il n'y a que le **vraisemblable** qui touche dans la tragédie. Et quelle vraisemblance y a-t-il qu'il arrive en un jour une multitude de choses qui pourraient à peine arriver en plusieurs semaines? Il y en a qui pensent que cette simplicité est une marque de peu d'invention [...] au contraire, toute l'invention consiste à **faire quelque chose de rien** ».

Les spectateurs se soucient trop des règles. « Je les conjure d'avoir assez bonne opinion d'eux-mêmes pour ne pas croire qu'une pièce qui les touche et qui leur donne du plaisir puisse être absolument contre les règles. **La principale règle est de plaire et de toucher.** Toutes les autres ne sont faites que pour parvenir à cette première. »

Le tragique se risquera-t-il, dans son désir de faire neuf, à prendre son sujet dans l'histoire moderne? Pas celle de son pays, en tout cas, répond Racine en 1676 dans la seconde préface de *Bajazet;* car on ne peut évoquer le quotidien avec poésie. « Je ne conseillerais pas à un auteur de prendre pour sujet d'une tragédie une action aussi moderne que celle-ci, si elle s'était passée dans le pays [...]. Les personnages tragiques doivent être regardés d'un autre œil que nous ne regardons d'ordinaire les personnages que nous avons vus de si près [...]. L'éloignement des pays répare en quelque sorte la trop grande proximité des temps. »

En somme, que tout, dans une tragédie, soit justifié, qu'il n'y ait rien de superflu. « On ne peut prendre trop de précaution pour ne rien mettre sur le théâtre qui ne soit très nécessaire. Et les plus belles scènes sont en danger d'ennuyer, du moment qu'on les peut séparer de l'action, et qu'elles l'interrompent au lieu de la conduire vers la fin » (préface de *Mithridate*, 1673).

Malgré le respect dû à la vérité, l'histoire cédera devant les convenances : pour plaire aux honnêtes gens, on peut se permettre de substituer une quelconque Ériphile à la douce Iphigénie. « Quelle apparence que j'eusse souillé la scène par le meurtre horrible d'une personne aussi vertueuse et aussi aimable qu'il fallait représenter Iphigénie? » La jalouse Ériphile, « tombant dans le malheur où [elle] voulait précipiter sa rivale, mérite en quelque façon d'être punie, sans être pourtant tout à fait indigne de compassion [...]. Quel plaisir j'ai fait au spectateur, et en sauvant à la fin une princesse vertueuse pour qui il s'est si fort intéressé dans le cours de la tragédie, et en la sauvant par une autre voie que par un miracle, qu'il n'aurait pu souffrir, parce qu'il ne le saurait jamais croire » (préface d'*Iphigénie*, 1674).

La préface de *Phèdre* (1677), enfin, rappelle les nécessités morales que le jeune contradicteur de Nicole (voir p. 8) aurait eu tendance à écarter. Le sujet de cette tragédie présente « toutes les qualités qu'Aristote demande dans le héros de la tragédie, et qui sont propres à **exciter la compassion et la terreur.** En effet, Phèdre n'est ni tout à fait coupable, ni tout à fait innocente ». On n'aura pas besoin de faire appel à la *catharsis* [1] pour justifier la pièce aux yeux des moralistes. « Je n'en ai point fait où la vertu soit plus mise en jour que dans celle-ci. Les moindres fautes y sont sévèrement punies. La seule pensée du crime y est regardée avec autant d'horreur que le crime même. Les faiblesses de l'amour y passent pour de vraies faiblesses. Les passions n'y sont présentées aux yeux que pour montrer le désordre dont elles sont cause; et le vice y est peint partout avec des couleurs qui en font connaître et haïr la difformité. C'est là proprement le but que tout homme qui travaille pour le public doit se proposer. »

---

1. Ou purgation : en leur faisant partager, durant deux heures, la passion des personnages, le théâtre purge les âmes de leurs tendances mauvaises.

RACINE : SON ŒUVRE

L'œuvre dramatique de Racine est peu abondante, en regard des 33 pièces de Corneille et des 34 pièces de Molière. Elle comprend 12 pièces, réparties en trois genres :

9 tragédies profanes :

1664 (20 juin)[1] *la Thébaïde ou les Frères ennemis*.

1665 (4 décembre) : *Alexandre le Grand*.

1667 (17 novembre) : *Andromaque*.

1669 (13 décembre) : *Britannicus*.

1670 (novembre) : *Bérénice*.

1672 (janvier) : *Bajazet*.

1673 (janvier) : *Mithridate*.

1674 (août) : *Iphigénie*.

1677 (1er janvier) : *Phèdre*.

2 tragédies sacrées :

1689 (26 janvier) : *Esther*.

1691 (janvier) : *Athalie*.

Une comédie en trois actes :

1668 (octobre ou novembre) : *les Plaideurs*.

En dehors de son œuvre dramatique, Racine a écrit des œuvres diverses en vers et en prose :

Des poèmes latins et français dont les principaux sont : *la Nymphe de la Seine*, 1660; *la Renommée aux Muses*, 1663; onze *Hymnes traduites du Bréviaire romain*, 1688; quatre *Cantiques spirituels*, 1694.

Des traductions, des annotations et des remarques sur l'*Odyssée* (1662), Eschyle, Sophocle, Euripide, la *Poétique* d'Aristote, le *Banquet* de Platon...

Des ouvrages polémiques : neuf épigrammes probablement (Racine ne les avoua pas) et surtout les *Lettres à l'auteur des Imaginaires* dont il ne publia que la première, en 1666 (la seconde paraîtra en 1722).

Des discours : *Pour la réception de M. l'abbé Colbert*, 1678; *Pour la réception de MM. de Corneille et Bergeret*, 2 janvier 1685.

Des ouvrages historiques :

Éloge historique du Roi sur ses conquêtes depuis l'année 1672 jusqu'en 1678.

Relation de ce qui s'est passé au siège de Namur, imprimée en 1692 par ordre du roi, mais sans nom d'auteur.

Notes et fragments (notes prises sur le vif par l'historiographe qui accompagnait le roi dans ses campagnes).

Divers textes, en prose et en vers, concernant Port-Royal.

Abrégé de l'histoire de Port-Royal, sa dernière œuvre, publiée en 1742 (première partie) et 1767 (seconde partie) : « Une chronique sacrée, [...] de l'Histoire Sainte, bien plutôt que de l'histoire » (Raymond Picard, *Œuvres complètes de Racine*, t. II, 1960, p. 35).

---

1. Les dates données sont celles de la première représentation.

Cratère d'Anzio
Le détail du haut représente Phèdre assise, un Amour ailé symbolisant
sa préoccupation. Celui du bas (prolongement vers la droite du détail
du haut) la montre appuyée contre un lit.

LA TRAGÉDIE DE « PHÈDRE »

1. La représentation

La tragédie de *Phèdre* fut jouée pour la première fois le vendredi
1er janvier 1677, très vraisemblablement à Paris, à l'Hôtel de
Bourgogne.

Le titre en était alors *Phèdre et Hippolyte;* Racine devait le remplacer
par celui de *Phèdre* à partir de l'édition de 1687.

Le rôle de Phèdre était tenu, admirablement dit-on, par **la Champmeslé** qui jouait les premiers rôles de toutes les tragédies de Racine
depuis *Britannicus* (1669). L'abbé du Bos rapporte, dans ses
Réflexions critiques : « Racine avait enseigné à la Champmeslé
la déclamation du rôle de Phèdre vers par vers. »

2. La cabale

Depuis quelque temps déjà on savait que Racine travaillait à
une tragédie « sur le sujet d'Hippolyte ». La cabale des ennemis de
Racine (voir p. 9) résolut de faire tomber la pièce. Il y avait là
des admirateurs de Corneille : son frère Thomas, Mme Deshoulières,
Donneau de Visé; des ennemis de Mme de Montespan (qui protégeait
le poète) : la comtesse de Soissons, **le duc de Nevers,** la **duchesse
de Bouillon,** nièce de Mazarin; des ennemis personnels de Racine :
la belle-mère et les filles de la Du Parc, qui habitaient justement à
l'hôtel de Soissons; des poètes jaloux enfin : Desmarets de Saint-
Sorlin, Leclerc, Pradon. Le théâtre Guénégaud, que dirigeait la
veuve de Molière, et *le Mercure galant* soutenaient la cabale.

Déjà, lors de la représentation d'*Iphigénie* (1674), une tentative
avait été esquissée : on avait voulu faire jouer, en même temps
que la tragédie de Racine, une pièce sur le même sujet, composée
par Leclerc pour le théâtre Guénégaud. Mais Racine avait pu obtenir
de la Cour que la tragédie rivale de la sienne fût interdite à la représentation jusqu'en 1675. La cabale allait renouveler cette fois-ci
la manœuvre.

Pradon fut chargé de composer la pièce rivale; il avait eu quelque
succès avec sa *Pyrame et Thisbé* en 1674, mais il en voulait à Racine
qu'il accusait d'avoir « étouffé dans le plus fort de son succès »
sa seconde tragédie, *Tamerlan ou la Mort de Bajazet,* en 1675.
Il parvint sans doute à se procurer certains passages déjà écrits
par Racine, et la pièce fut confiée au théâtre Guénégaud. Armande,
veuve de Molière, puis Catherine de Brie refusèrent le rôle de Phèdre,
peut-être sous la pression de Racine et de ses amis; mais la Cour
ne voulut pas interdire la représentation.

La tragédie de Pradon, *Phèdre et Hippolyte,* fut donc jouée rue
Guénégaud le dimanche 3 janvier 1677. La duchesse de Bouillon
loua-t-elle les loges de l'Hôtel de Bourgogne pour les laisser vides?

distribua-t-elle des billets pour le théâtre Guénégaud à ses amis? Louis Racine l'affirma beaucoup plus tard, mais rien ne permet de l'attester avec certitude, encore que les registres de comptes présentent certaines anomalies. Quoi qu'il en soit, la tragédie de Pradon vit son succès décliner peu à peu pendant deux ou trois mois, tandis que la pièce de Racine continuait sa carrière; lorsqu'en 1680 les comédiens de l'Hôtel de Bourgogne et ceux du théâtre Guénégaud se réunirent sous le nom de Comédie-Française, ils choisirent la tragédie de Racine pour leur premier spectacle.

3. La querelle des sonnets

La querelle était passée entre temps du théâtre à la ville. Dès le 2 janvier, circulait dans Paris un sonnet violemment injurieux contre Racine; il commençait ainsi :

> Dans un fauteuil doré, Phèdre tremblante et blème
> Dit des vers où d'abord personne n'entend rien.
> Sa nourrice lui fait un sermon fort chrétien
> Contre l'affreux dessein d'attenter sur soi-même.

Il était évidemment anonyme mais sortait de l'hôtel de Nevers ou de chez Mme Deshoulières.

Un sonnet sur les mêmes rimes lui répondit, dirigé contre le duc de Nevers :

> Dans un palais doré, Damon, jaloux et blème
> Fait des vers où jamais personne n'entend rien.
> Il n'est ni courtisan, ni guerrier, ni chrétien;
> Et souvent pour rimer, il s'enferme lui-même.

Attribué sur-le-champ à Racine et à Boileau, il était en réalité l'œuvre de quelques beaux esprits, plus ou moins libertins; mais il fit scandale, car la vie privée du duc de Nevers y était rudement malmenée. Racine et Boileau furent menacés de se voir « couper le nez » — ou bâtonner à tout le moins; ils se réfugièrent à l'hôtel de Condé où le duc d'Enghien les prit sous sa protection, et « l'affaire fut accommodée ». Mais le bruit que Boileau avait été rossé derrière l'hôtel de Condé fut colporté jusqu'à l'Académie, des libelles coururent longtemps encore et l'effervescence dans les milieux littéraires fut longue à s'éteindre. En février d'abord, en juillet ensuite Boileau, dans les *Épîtres* VI et VII, prit la défense de Racine:

> Imite mon exemple; et lorsqu'une cabale,
> Un flot de vains auteurs follement te ravale,
> Profite de leur haine, et de leur mauvais sens :
> Ris du bruit passager de leurs cris impuissants [...]
> Et qui, voyant un jour la douleur vertueuse
> De Phèdre malgré soi perfide, incestueuse,
> D'un si noble travail justement étonné,
> Ne bénira d'abord le siècle fortuné...?

Mais Racine déjà préparait sa retraite.

4. Les sources de « Phèdre »

Racine déclare, dans la préface de sa tragédie (voir p. 32, l. 1), que « le sujet est pris d'**Euripide** ». Il s'agit de l'*Hippolyte porte-*

couronne dont le texte nous est parvenu et qui avait été précédé d'un *Hippolyte voilé*, également d'Euripide, mais perdu. On pourra voir comment Racine a, comme il le dit (p. 32, 1. 2), « suivi une route un peu différente (...) pour la conduite de l'action » et comment il en a imité quelques scènes (voir p. 23). Mais il doit aussi beaucoup à une tragédie de **Sénèque**, *Phèdre*, elle-même imitée d'Euripide ; il lui a emprunté en particulier l'aveu de Phèdre à Hippolyte (voir p. 25). Plusieurs auteurs avaient, au XVIᵉ et au XVIIᵉ siècle, traité le même sujet. Ce que Racine leur doit reste très fragmentaire : **Robert Garnier** dans son *Hippolyte* (1573) et **La Pinelière** dans sa tragédie du même nom (1635) avaient suivi Sénèque de trop près pour que Racine cherche chez eux ce qu'il pouvait trouver chez le tragique latin ; quant à **Gabriel Gilbert** et à **Bidar**, dont les tragédies avaient été jouées en 1647 et en 1675, ils avaient fait l'un et l'autre de Phèdre la fiancée de Thésée, non plus son épouse, dénaturant ainsi l'essentiel du drame. Pradon, sans doute par souci des bienséances, les imita sur ce point.

Que Racine ait donné pour titre à son œuvre *Phèdre et Hippolyte* d'abord, puis tout simplement *Phèdre* suffirait à montrer que sa manière de traiter le sujet antique était fort éloignée de celle de ses prédécesseurs. En fait, sa tragédie est d'une originalité évidente par bien d'autres aspects.

5. « Phèdre » et la passion souveraine

Dans aucune de ses tragédies, Racine n'a peint avec des couleurs aussi diverses l'emprise de l'amour sur les êtres humains. Tous les héros de la pièce sont amoureux : Thésée ne semble avoir couru ses plus périlleuses aventures que pour conquérir quelque nouvelle amante ; Aricie méprise les amours trop faciles mais aspire à vaincre un cœur qui se rebelle ; Hippolyte, qui dédaignait les faiblesses amoureuses, n'a pas résisté au charme d'Aricie ; Phèdre enfin est tout à la fois follement éprise d'Hippolyte, victime et proie de Vénus, amante jalouse et cruelle.

Si les drames de l'ambition viennent se mêler par moments à ceux du cœur, ils y sombrent bien vite : Hippolyte ne veut donner le trône d'Athènes à Aricie que parce qu'il l'aime ; Phèdre est prête à en déposséder son fils pour tenter de conquérir par ce moyen l'amour d'Hippolyte.

Aussi les grands moments de la tragédie sont-ils les scènes où s'exprime cette passion : tout un acte (l'acte II) est rempli d'aveux amoureux, pudiques chez Aricie, gauches chez Hippolyte, délirants chez Phèdre : et, dans cette sorte de symphonie de déclarations amoureuses, domine, écrasante et maudite, la passion fatale de Phèdre.

6. « Phèdre » et le jansénisme

La passion est, dans *Phèdre*, tout à la fois voulue par le Destin et porteuse de mort. La pièce se termine hors de toute espérance :

Thésée ne pourra plus aimer Phèdre; Phèdre ne peut plus aimer Hippolyte; Aricie est comme veuve avant d'avoir été mariée. Ce dénouement est un effondrement sans rémission de toutes les constructions sentimentales ou passionnelles que dressaient les héros et dont se jouent les dieux.

Car les auteurs de cette ruine sont les dieux, implacables et inhumains. On a cru retrouver dans la pièce comme une couleur janséniste : l'homme totalement livré aux mains de la Divinité, n'est-ce pas la théologie des maîtres spirituels de Port-Royal? la sévérité de cet anéantissement de toute passion, n'est-ce pas la rigueur de leur morale? Racine avait gardé l'empreinte du jansénisme, après avoir passé son enfance et sa jeunesse parmi les Solitaires; mais qu'il ait voulu faire, dans quelque intention que ce soit d'ailleurs, de Phèdre une janséniste, une « chrétienne à qui la grâce aurait manqué » paraît exclu.

Il n'en reste pas moins que Racine a découvert chez les tragiques Grecs, surtout depuis 1666, un monde de cruauté; il le retrouvait parfois dans la société de son temps, dont l'élégance et la politesse cachaient mal les passions et même les crimes; il avait conservé de sa formation religieuse à Port-Royal un sens aigu du péché; peut-être enfin quelques désordres de sa vie passée, ou présente, faisaient-ils naître en lui le remords. Aussi son imagination se peuplait-elle de plus en plus de héros, et surtout d'héroïnes, condamnés par les dieux à chercher désespérément une innocence perdue, à vivre dans le mal et à en mourir : Roxane, Ériphile, Phèdre.

7. « Phèdre », la lumière et la nuit

Ce monde moral où s'affrontent les forces du mal et celles du bien, Racine lui donne une expression poétique; *Phèdre* est la tragédie de l'ombre et de la lumière : la nuit des enfers où l'on croit Thésée disparu et où règne Minos, la nuit du Labyrinthe où Phèdre s'imagine, s'opposent à la lumière des plages où Hippolyte fait courir ses chevaux, à l'éclat du soleil sur les terrasses du palais.

La lutte du jour et de la nuit est inscrite (v. 36) au cœur de Phèdre, *fille de Minos* (roi du Labyrinthe et juge des enfers) *et de Pasiphaé* (fille du soleil). La clarté devient dès lors pour elle symbole d'innocence, le jour est le monde de la pureté, tandis que sa faute cherche l'ombre : elle refuse de sortir du palais, elle a honte de la lumière. Et les derniers mots qu'elle prononce avant de mourir (v. 1644) sont pour célébrer la pureté du jour, que sa mort, croit-elle, aura restituée au monde.

8. « Phèdre », tragédie grecque

Le monde grec est partout présent : les cités de la Grèce continentale, les îles, les tombeaux antiques, la route côtière qui va vers Mycènes, la mer surtout où l'on cherche Thésée disparu, où Hippolyte se prépare à fuir, où Œnone se jette, d'où surgit le monstre envoyé par Neptune, dieu des flots. Elle baigne tout le paysage que l'on devine autour de la scène, comme dans cette Grèce que Racine n'avait jamais vue mais dont il sut retrouver la présence à travers Sophocle et Euripide et qu'il nous a rendue souvent plus réelle que bien des voyageurs littéraires.

Les héros de la mythologie antique partagent avec les personnages de la tragédie souffrances et plaisirs, joies et vengeances, aussi vivants derrière le théâtre que le plus raisonnable des spectateurs : Pirithoüs, Ariane, Hercule, Médée. Et ils sont tous emportés, comme Phèdre et Hippolyte, dans un tourbillon d'événements que dirige, hors de leur volonté et de leur conscience, la Fatalité : Racine a su nous faire sentir le poids terrible de cette force qui pesait déjà sur les héros des tragédies antiques; c'est par là, beaucoup plus que par quelques imitations des scènes d'Euripide ou de Sophocle, qu'il les a rejoints. Peut-être son art est-il souvent plus riche et plus pur encore que le leur.

9. « Phèdre », tragédie lyrique

Phèdre est la plus lyrique des tragédies de Racine, sans doute en raison de la place qu'y tient la passion amoureuse, peut-être aussi par la présence vivante de la Grèce antique.

Les plaintes qui déchirent Phèdre, dans le moment même où s'exprime son amour, les incantations vers des dieux présents et redoutables, les tempêtes de la jalousie et de la colère tiennent du chant plus que de l'éloquence. Lyrisme somptueux et sombre, troué quelquefois de grands éclairs de lumière, mais dont les accents les plus vibrants traduisent la souffrance des hommes.

Le rythme de la pièce fait alterner les tendres murmures d'Aricie, les mâles paroles d'Hippolyte et les éclats déchirants de Phèdre. Plus qu'un dessin mélodique, c'est une pulsation qui s'apaise ou se précipite à la manière d'un cœur tourmenté. Peu d'œuvres dramatiques supportent aussi mal le ton déclamatoire qu'affectaient naguère certains tragédiens.

Antoine Adam a dit que le meilleur commentaire de la pièce était le *Lamento d'Arianna* de Monteverdi : Racine ne l'eût sans doute pas nié.

Ainsi la pièce par laquelle Racine achève sa carrière publique de poète tragique apparaît-elle aujourd'hui comme un sommet. On n'aborde pas *Phèdre* comme n'importe quelle tragédie : il faut retrouver d'abord, comme Racine les avait retrouvés, les héros d'Euripide — et plus tard de Sénèque —, les paysages et les cités de la Grèce archaïque, les dieux et les héros de la mythologie. Le drame de la reine d'Athènes amoureuse de son beau-fils n'est plus le seul récit d'une passion coupable; il est devenu le conflit des forces de la lumière et de celles de la nuit.

L'assemblée des dieux assiste aux derniers moments d'Hippolyte,
monté sur son char; sous les pieds des chevaux, le monstre marin.
Cratère de Ruvo

DOCUMENTS

1. L' « Hippolyte » d'Euripide

L'action — *Dans un prologue, la déesse Aphrodite vient annoncer qu'elle va se venger d'Hippolyte qui la méprise et refuse de céder à l'amour ; il réserve en effet ses hommages à Artémis, déesse de la chasse. Phèdre se laisse aller à révéler à sa nourrice son amour pour Hippolyte ; Thésée, bien qu'absent, est toujours vivant. La nourrice se propose d'aider sa maîtresse à satisfaire cet amour coupable : Phèdre s'y refuse. Malgré cela, sous le sceau du secret, la nourrice dévoile à Hippolyte la passion de sa belle-mère ; le jeune héros s'enfuit horrifié, Phèdre maudit sa nourrice et, torturée par la honte, se pend. Alors survient Thésée qui découvre, attachée au cou de sa femme morte, une tablette par laquelle elle accuse Hippolyte d'avoir tenté de lui faire violence. Ce dernier, mis en présence de son père, essaye en vain de se défendre ; Thésée le maudit et charge Poséidon de le faire périr : le dieu avait en effet promis d'exaucer trois vœux de Thésée. Un messager survient peu après : il annonce qu'Hippolyte a été traîné par ses chevaux, qu'un monstre sorti de la mer a épouvantés, et qu'il est mourant: Artémis découvre alors à Thésée la vérité; Hippolyte vient mourir dans les bras de son père et lui pardonne.*

L'aveu de Phèdre à sa nourrice

PHÈDRE. — Soulevez mon corps, redressez ma tête. Je sens brisées les articulations de mes pauvres membres. Prenez mes belles mains, servantes. Ce bandeau pèse à ma tête : ôte-le, déploie mes boucles sur mes épaules.

LA NOURRICE. — Courage! mon enfant, et ne retourne pas impatiemment ton corps [...]

PHÈDRE. — Ah! que ne puis-je, à la rosée d'une source, puiser le breuvage d'une eau pure et, sous les peupliers, dans une prairie touffue, m'étendre pour reposer!

LA NOURRICE. — Ma fille, que veux-tu dire? Pourquoi soupirer après le courant des fontaines? [...]

PHÈDRE. — Menez-moi dans la montagne! J'irai vers la forêt, le long des pins, là où passe la meute de chasse, pressant les biches à la robe tachetée. Par les Dieux! Je brûle de harceler les limiers de la voix, et, le long de ma blonde chevelure, de lancer l'épieu thessalien, la main armée du dard aigu!

LA NOURRICE. — Pourquoi, ma fille, agiter ces pensées? Qu'as-tu à t'occuper, toi aussi, de la chasse? Veux-tu bien, devant tout le monde, ne pas tenir ce langage, en lançant des propos qu'emporte la démence?

PHÈDRE. — Artémis, souveraine de Limné sur la mer, et des gymnases que font résonner les chevaux, que ne suis-je sur ton domaine, à dompter des poulains vénètes!

LA NOURRICE. — Quelle est encore cette parole échappée à ton délire? Tout à l'heure, c'est vers la montagne que t'attirait le désir de la chasse, et maintenant, c'est sur l'arène à l'abri des flots que des poulains te font envie [...]

PHÈDRE. — Malheureuse! Qu'ai-je donc fait? Où me suis-je égarée hors du bon sens? J'ai été folle, victime du vertige envoyé par un Dieu. Las! hélas! infortunée [...]

[*La nourrice insiste pour connaître son secret.*]

LA NOURRICE. — Si tu meurs, tu trahis tes fils : ils n'auront point de part au bien paternel, j'en atteste la royale cavalière, l'Amazone qui à tes enfants donna pour maître un bâtard aux prétentions de fils légitime — tu le connais bien, Hippolyte.

PHÈDRE. — Las!

LA NOURRICE. — Voilà qui te touche?

PHÈDRE. — Ah! mère, tu me tues. Par les Dieux, je t'implore : sur cet homme fais le silence désormais! [...]

[*Phèdre accepte enfin de dévoiler son malheur.*]

LA NOURRICE. — Je me tais donc; à toi de parler désormais.

PHÈDRE. — O mère infortunée, quel amour fut le tien!

LA NOURRICE. — Pour un taureau, ma fille? ou bien que veux-tu dire?

PHÈDRE. — Et toi, ma pauvre sœur, qu'épousa Dionysos!

LA NOURRICE. — Mon enfant, qu'as-tu? Tu insultes les tiens?

PHÈDRE. — La troisième, à mon tour, je meurs infortunée! [...]

LA NOURRICE. — Quoi! tu aimes, ma fille? Est-ce un homme, et lequel?

PHÈDRE. — Celui-là, homme ou non, qu'enfanta l'Amazone.

LA NOURRICE. — Hippolyte, dis-tu?

PHÈDRE. — C'est toi qui l'as nommé, non pas moi.

(Éd. « Les Belles Lettres »,
v. 198-352 avec coupures)

L'exil d'Hippolyte

HIPPOLYTE. — Ah! Dieux, que vas-tu faire? Sans attendre que le temps t'éclaire sur nous, tu me chasseras du pays?

THÉSÉE. — Par delà le Pont et les bornes d'Atlas, si j'en avais le pouvoir : tant ta tête m'est odieuse.

HIPPOLYTE. — Serment, preuve, paroles des devins, n'examineras-tu rien, et me banniras-tu sans jugement?

THÉSÉE. — La tablette que voici porte contre toi une accusation sûre [...]

HIPPOLYTE. — Où donc tourner mes pas, malheureux? Chez quel hôte entrerai-je, chargé de l'accusation qui m'exile?

THÉSÉE. — Chez qui se plaît à accueillir en hôtes et associer à son foyer, pour sa honte, des corrupteurs de femmes.

(v. 1051-1069 avec coupures)

2. La « Phèdre » de Sénèque

L'action — *Aux environs d'Athènes, Hippolyte et ses compagnons se livrent aux plaisirs de la chasse. Mais Phèdre, lasse de l'absence et des infidélités de son époux, Thésée, veut séduire Hippolyte. Sa nourrice essaye de la détourner de ce projet, car elle sait que le jeune héros est hostile à l'amour. Phèdre déclare alors sa passion à Hippolyte : celui-ci, pour se défendre contre elle, tire son épée; tandis qu'il s'enfuit, la nourrice proclame qu'il a tenté de faire violence à sa maîtresse. Thésée revient; il apprend que sa femme veut mourir; à ses questions Phèdre répond en répétant la calomnie de sa nourrice. Thésée supplie Neptune de le venger en faisant périr son fils : le dieu lui doit l'accomplissement d'un vœu. Un messager vient annoncer la mort d'Hippolyte : ses chevaux, effrayés par un monstre sorti de la mer, l'ont traîné sur les rochers. Phèdre alors avoue sa faute et se tue sous les yeux de son mari; celui-ci rassemble les membres épars de son fils en gémissant.*

La déclaration de Phèdre à Hippolyte

HIPPOLYTE. — Mon père reviendra bientôt sain et sauf.

PHÈDRE. — Le maître de l'avare Achéron et du Styx silencieux ne permet point de remonter vers le monde des vivants une fois qu'on l'a quitté : va-t-il lâcher le ravisseur de sa propre épouse?[...] Aie pitié de moi : comprends les muettes supplications de mon âme. Je veux parler et je n'ose [...]. La flamme ardente d'une passion insensée brûle mon cœur : sa fureur bouillonne jusqu'au plus profond de mes moelles et parcourt mes veines; mes entrailles recèlent ce feu caché, cet amour secret, semblable à l'incendie dont les flammèches rapides courent à travers les lambris élevés d'une demeure.

HIPPOLYTE. — C'est sans doute ton chaste amour pour Thésée qui te jette dans ce délire.

PHÈDRE. — Oui, Hippolyte; c'est cela. Ce sont les traits de Thésée que j'aime, ses traits de jadis, ceux qu'il avait encore adolescent quand ses joues virginales s'ombrageaient d'une barbe naissante, quand il visita la ténébreuse demeure du monstre de Cnosse en tenant un long fil qui suivait tous les détours de la route. Ah! de quelle beauté il brillait alors! Des bandelettes pressaient sa chevelure; l'incarnat de la pudeur teignait ses joues délicates; ses jeunes bras avaient déjà des muscles vigoureux; il avait le visage de ta Phébé ou de mon Phébus ou plutôt encore le tien — oui, il était bien tel, tel que cela, quand il plut à son ennemie même; c'est ainsi qu'il levait fièrement la tête : mais tu brilles encore davantage dans ta beauté dénuée d'artifice; ton père revit en toi tout entier et pourtant il se mêle également à cette ressemblance je ne sais quelle grâce un peu sauvage qui te vient de ta mère : oui, sur ton visage de Grec apparaît la rudesse d'un Scythe. Si tu étais entré avec ton père dans les eaux de la Crète, c'est à toi que ma sœur aurait plutôt destiné le fil de ses fuseaux. C'est toi, ma sœur, c'est toi que j'invoque, quelle que soit la partie du firmament où tu brilles, pour une cause semblable à la tienne : une seule famille nous a séduites toutes deux, ma sœur : toi le père, et moi le fils. (*A Hippolyte.*) Vois couchée, suppliante, à tes genoux où elle tombe, la fille d'une royale maison ! Moi qui ne fus jamais souillée d'aucune tache, moi qui, jusqu'ici, suis restée pure et innocente, c'est pour toi seul que je suis devenue coupable. C'est bien résolument, va, que je me suis abaissée à ces prières : ce jour terminera ma douleur ou ma vie. Aie pitié d'une amante.

(Éd. « Les Belles Lettres »,
v. 624-671 avec coupures)

Bibliographie et discographie

Le texte de la présente édition est celui qu'a publié M. Paul Mesnard (collection des « Grands Écrivains de la France », 1865-1873, 8 vol.), avec quelques corrections indiquées par M. Raymond Picard (*Revue d'histoire littéraire*, 1949).

Sur la vie et l'œuvre de Racine on consultera avec le plus grand profit :

Antoine Adam, *Histoire de la littérature française au XVIIᵉ siècle* (en particulier, t. IV, 1954).

François Mauriac, *la Vie de Jean Racine*, 1928.

Thierry Maulnier, *Racine*, 1935.

Pierre Moreau, *Racine, l'homme et l'œuvre*, 1943.

Jean Pommier, *Aspects de Racine*, 1954.

Raymond Picard, *la Carrière de Racine*, 1956.

Il y a beaucoup à prendre concernant l'art de Racine chez :

Jacques Scherer, *la Dramaturgie classique en France*, 1950.

Parmi les nombreuses études consacrées en particulier à la tragédie et au personnage de Phèdre on pourra retenir :

Thierry Maulnier, *Lecture de « Phèdre »*, 1942.

André Gide, *Interviews imaginaires*, 1942.

Paul Valéry, *Variété V*, 1944.

Marcel Arland, *les Échanges*, 1946.

Roger Pons, *Procès de l'amour*, 1955.

Les commentaires de Jean-Louis Barrault dans son édition de *Phèdre* pour la collection « Mises en scène » (1946) sont du plus haut intérêt.

Disque des « Sélections Sonores Bordas »

Choix des scènes caractéristiques, textes de liaison et accompagnement musical, avec Maria Casarès dans le rôle de Phèdre.

THRACE

TROADE

ÉPIRE

Mont △ Olympe

Cocyte

Achéron

MER ÉGÉE

LYDIE

ÉLIDE

Athènes
Mégare

ATTIQUE

Corinthe
Mycènes
Argos

ARGOLIDE

SALAMINE
Épidaure
Trézène

ICARIE

Sparte

NAXOS

Cap Ténare

CRÈTE

MER IONIENNE

27

LA RACE DES DIEUX

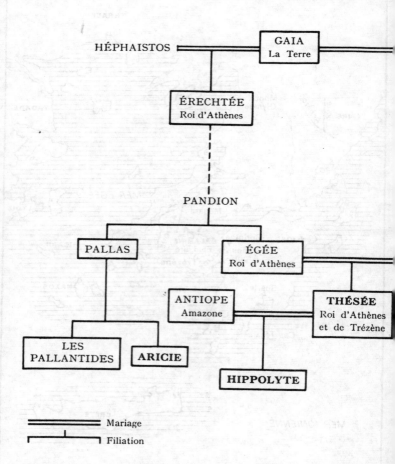

Seuls sont indiqués les noms des dieux et des héros qui intéressent directement les personnages cités dans la tragédie.

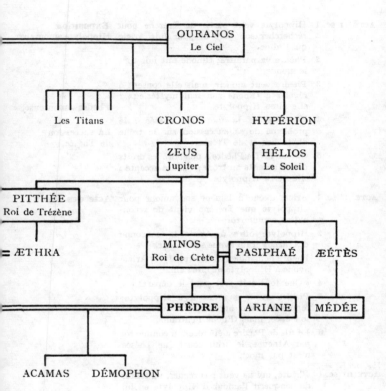

OURANOS
Le Ciel

Les Titans — CRONOS — HYPÉRION

ZEUS
Jupiter

HÉLIOS
Le Soleil

PITTHÉE
Roi de Trézène

= ÆTHRA

MINOS
Roi de Crète — PASIPHAÉ — ÆÉTÈS

PHÈDRE — ARIANE — MÉDÉE

ACAMAS — DÉMOPHON

PHÈDRE. — *Le ciel, tout l'univers est plein de mes aïeux.*
v. 1276.

SCHÉMA DE LA TRAGÉDIE

ACTE I SC. 1 Hippolyte veut partir de Trézène pour rechercher son père et pour fuir Aricie qu'il aime.

    2 Phèdre va paraître; Œnone fait fuir tout le monde.

    3 Phèdre veut mourir, mais elle consent à révéler à Œnone son mal mystérieux : elle aime Hippolyte.

    4 Nouvelle de la mort de Thésée : le problème de sa succession sur le trône d'Athènes et de Trézène.

    5 Œnone invite Phèdre à défendre les droits de ses enfants au trône; Phèdre accepte : elle verra Hippolyte.

ACTE II SC. 1 Aricie avoue à Ismène son amour pour Hippolyte que Trézène vient de reconnaître comme roi.

    2 Hippolyte offre à Aricie la couronne d'Athènes et lui avoue son amour.

    3 Phèdre demande à voir Hippolyte; Aricie avoue à Hippolyte qu'elle l'aime.

    4 « Que tout soit prêt pour le départ! »

    5 Phèdre avoue son amour à Hippolyte; repoussée avec horreur, elle lui dérobe son épée, mais Œnone l'entraîne.

    6 Le fils de Phèdre a été reconnu comme roi par Athènes; le bruit court que Thésée n'est pas mort.

ACTE III SC. 1 Phèdre, qui ne veut pas régner, va tenter de conquérir l'amour d'Hippolyte en lui offrant le trône d'Athènes.

    2 Au comble de la honte, elle implore l'aide de Vénus.

    3 Thésée est vivant : il arrive à Trézène. Phèdre veut mourir, mais Œnone propose de faire exiler Hippolyte en l'accusant, auprès de son père, d'avoir voulu faire violence à Phèdre; celle-ci accepte.

Exposition
Hippolyte amoureux.

Phèdre amoureuse.

La succession de Thésée.

Acte des aveux

Coup de théâtre

30

4   Phèdre refuse les témoignages de tendresse de Thésée.

5   Thésée est étonné; Hippolyte, en lui annonçant son intention de quitter Trézène, accroît sa méfiance.   Inquiétudes.

6   Inquiétude d'Hippolyte, partagé entre sa crainte de voir Phèdre révéler sa passion et son respect pour son père.

ACTE IV sc. 1   Œnone a calomnié Hippolyte; colère de Thésée qui demande à Neptune de faire périr son fils.   Calomnie et condamnation.

2   Hippolyte ne révèle pas à Thésée la trahison de Phèdre, mais lui avoue son amour pour Aricie : Thésée refuse de le croire.

3   Douleur de Thésée.

4   Phèdre qui venait intercéder auprès de Thésée pour Hippolyte apprend qu'il aime Aricie.   **Thésée et Phèdre au comble de la souffrance**

5   Douleur de Phèdre.

6   La jalousie de Phèdre l'égare; elle veut mourir. Œnone l'invite à consentir à cet amour illégitime : Phèdre la maudit.

ACTE V sc. 1   Aricie fuira avec Hippolyte lorsqu'ils auront, par un serment solennel, consacré leurs fiançailles devant les dieux.   Faible espoir.

2   Thésée trouve Hippolyte et Aricie ensemble : ses doutes s'éveillent.

3   Aricie confirme à Thésée son amour pour Hippolyte; insultée par Thésée, elle lui laisse deviner un mystère.

4   Les doutes de Thésée augmentent : il veut revoir Œnone...

5   ...mais Œnone s'est noyée et Phèdre veut mourir. Thésée fait rappeler Hippolyte.   **La vengeance des dieux**

6   Théramène vient annoncer et raconter la mort d'Hippolyte.

7   Phèdre, après avoir révélé la vérité, meurt en s'empoisonnant. Thésée protégera Aricie.

PRÉFACE[1]

[1] Voici encore une tragédie[2] dont le sujet est pris d'Euripide. Quoique j'aie suivi une route un peu différente de celle de cet auteur pour la conduite de l'action, je n'ai pas laissé d'enrichir ma pièce de tout ce qui m'a paru plus éclatant[3] dans la sienne. Quand je ne [5] lui devrais que la seule idée du caractère de Phèdre, je pourrais dire que je lui dois ce que j'ai peut-être mis de plus raisonnable[4] sur le théâtre. Je ne suis point étonné que ce caractère ait eu un succès si heureux du temps d'Euripide, et qu'il ait encore si bien réussi dans notre siècle, puisqu'il a toutes les qualités qu'Aristote [10] demande dans le héros de la tragédie, et qui sont propres à exciter la compassion et la terreur[5]. En effet, Phèdre n'est ni tout à fait coupable, ni tout à fait innocente. Elle est engagée, par sa destinée[6] et par la colère des Dieux[7], dans une passion illégitime, dont elle a horreur toute la première. Elle fait tous ses efforts pour la sur- [15] monter. Elle aime mieux se laisser mourir que de la déclarer à per- sonne. Et lorsqu'elle est forcée de la découvrir, elle en parle avec une confusion[8] qui fait bien voir que son crime est plutôt une puni- tion des Dieux qu'un mouvement de sa volonté.

J'ai même pris soin de la rendre un peu moins odieuse qu'elle n'est [20] dans les tragédies des Anciens[9], où elle se résout d'elle-même à accuser Hippolyte. J'ai cru que la calomnie avait quelque chose de trop bas et de trop noir pour la mettre dans la bouche d'une princesse qui a d'ailleurs[10] des sentiments si nobles et si vertueux.

Cette bassesse m'a paru plus convenable à une nourrice, qui pouvait [25] avoir des inclinations plus serviles[11], et qui néanmoins n'entreprend cette fausse accusation que pour sauver la vie et l'honneur de sa maîtresse. Phèdre n'y donne les mains[12] que parce qu'elle est dans une agitation d'esprit qui la met hors d'elle-même, et elle vient un moment après dans le dessein de justifier l'innocence et de [30] déclarer la vérité.

---

1. Publiée dans l'édition originale, le 15 mars 1677. — 2. *Iphigénie*, en 1675, était déjà tirée d'Euripide; il faut y ajouter *la Thébaïde* en 1664. — 3. Remarquable. Le comparatif a la valeur du superlatif ici; l'éd. de 1677 portait d'ailleurs : « *le plus* éclatant », mais le texte actuel est celui des éditions postérieures. — 4. Conforme à la vérité morale. — 5. Racine rappelle également dans la préface d'*Iphigénie* ce précepte célèbre, tiré de la *Poétique* d'Aris- tote. — 6. Plus forte même, pour les Anciens, que la volonté des dieux. — 7. Vénus poursui- vait Phèdre de sa haine parce que son grand-père, le Soleil, avait dévoilé les amours de Mars et de Vénus. — 8. Honte. — 9. *Hippolyte* d'Euripide et *Phèdre* de Sénèque. — 10. D'autre part. — 11. Dignes d'une esclave. Cette remarque éclaire d'un jour assez cru les préjugés sociaux du XVIIe siècle. — 12. Consent.

Hippolyte est accusé, dans Euripide et dans Sénèque, d'avoir en effet [1] violé sa belle-mère : *Vim corpus tulit* [2]. Mais il n'est ici accusé que d'en avoir eu le dessein. J'ai voulu épargner à Thésée une confusion qui l'aurait pu rendre moins agréable aux spectateurs [3].

[35] Pour ce qui est du personnage d'Hippolyte, j'avais remarqué dans les Anciens qu'on reprochait à Euripide de l'avoir représenté comme un philosophe [4] exempt de toute imperfection : ce qui faisait que la mort de ce jeune prince causait beaucoup plus d'indignation que de pitié. J'ai cru lui devoir donner quelque faiblesse [5] qui le [40] rendrait un peu coupable envers son père, sans pourtant lui rien ôter de cette grandeur d'âme avec laquelle il épargne l'honneur de Phèdre, et se laisse opprimer [6] sans l'accuser. J'appelle faiblesse la passion qu'il ressent malgré lui pour Aricie, qui est la fille et la sœur des ennemis mortels de son père.

[45] Cette Aricie n'est point un personnage de mon invention. Virgile dit [7] qu'Hippolyte l'épousa, et en eut un fils, après qu'Esculape l'eut ressuscité. Et j'ai lu encore dans quelques auteurs [8] qu'Hippolyte avait épousé et emmené en Italie une jeune Athénienne de grande naissance, qui s'appelait Aricie, et qui avait donné son nom à une [50] petite ville d'Italie [9].

Je rapporte ces autorités, parce que je me suis très scrupuleusement attaché à suivre la fable [10]. J'ai même suivi l'histoire de Thésée telle qu'elle est dans Plutarque.

C'est dans cet historien que j'ai trouvé que ce qui avait donné occa- [55] sion de croire que Thésée fût descendu dans les enfers pour enlever Proserpine, était un voyage que ce prince avait fait en Épire vers la source de l'Achéron, chez un roi dont Pirithoüs voulait enlever la femme [11], et qui arrêta [12] Thésée prisonnier après avoir fait mourir Pirithoüs. Ainsi j'ai tâché de conserver la vraisemblance de l'his- [60] toire, sans rien perdre des ornements de la fable, qui fournit extrêmement à la poésie. Et le bruit de la mort de Thésée, fondé sur ce voyage fabuleux, donne lieu à Phèdre de faire une déclaration d'amour qui devient une des principales causes de son malheur, et qu'elle n'aurait jamais osé faire tant qu'elle aurait cru que son [65] mari était vivant.

---

1. Effectivement. — 2. Sénèque fait en effet dire à Phèdre (v. 892) : « Mon corps a subi la violence. » — 3. Souci des bienséances : le mari trompé est d'ailleurs un personnage de comédie. — 4. Sage païen. — 5. Cf. Corneille, qui voit en l'amour une passion « trop chargée de *faiblesse* » : voir les l. 42 et 72. — 6. Accabler. — 7. *Énéide*, VII, 761. — 8. Sans doute Philostrate (*Tableaux*). Pradon lui a emprunté le personnage d'Aricie. — 9. Il s'agit plus vraisemblablement de la forêt *Aricine* (cf. Ovide, *Fastes*, III, 263). — 10. Légende. — 11. Plutarque dit « la *fille* », mais Pausanias (*Description de la Grèce : Attique*) dit « la *femme* » : les sources de Racine sont diverses. — 12. Retint.

Au reste, je n'ose encore[1] assurer que cette pièce soit en effet[2] la meilleure de mes tragédies. Je laisse et aux lecteurs et au temps à décider de son véritable prix. Ce que je puis assurer, c'est que
[70] je n'en ai point fait où la vertu soit plus mise en jour[3] que dans celle-ci. Les moindres fautes y sont sévèrement punies. La seule pensée du crime[4] y est regardée avec autant d'horreur que le crime même. Les faiblesses de l'amour y passent pour de vraies faiblesses; les passions n'y sont présentées aux yeux que pour montrer tout le désordre dont elles sont cause; et le vice y est peint partout avec
[75] des couleurs qui en font connaître et haïr la difformité[5]. C'est là proprement le but que tout homme qui travaille pour le public doit se proposer; et c'est ce que les premiers poètes tragiques avaient en vue sur toute chose[6]. Leur théâtre était une école où la vertu n'était pas moins bien enseignée que dans les écoles des philosophes.
[80] Aussi Aristote a bien voulu donner des règles du poème dramatique[7]; et Socrate, le plus sage des philosophes, ne dédaignait pas de mettre la main aux tragédies d'Euripide[8]. Il serait à souhaiter que nos ouvrages fussent aussi solides[9] et aussi pleins d'utiles instructions que ceux de ces poètes. Ce serait peut-être un moyen
[85] de réconcilier la tragédie avec quantité de personnes, célèbres par leur piété et par leur doctrine, qui l'ont condamnée dans ces derniers temps[10], et qui en jugeraient sans doute plus favorablement, si les auteurs songeaient autant à instruire leurs spectateurs qu'à les divertir, et s'ils suivaient en cela la véritable intention[11] de la
[90] tragédie.

---

1. C'est vrai en 1677 mais, si l'on en croit un témoignage de Boileau, rapporté par Brossette, Racine déclara plus tard que *Phèdre* était « celle de ses tragédies qu'il aimait le plus ». — 2. Réellement. — 3. Mise en valeur. — 4. De la faute : sens latin. — 5. Laideur. — 6. Par dessus tout. — 7. Bien qu'il fût avant tout philosophe. — 8. D'après une affirmation, fort suspecte d'ailleurs, de Diogène Laërce (*Vies et Opinions des philosophes illustres*). — 9. *Solide :* qui a de la consistance et du sérieux. — 10. Allusion aux *Visionnaires* de Nicole (1665), mais aussi à son *Traité de la Comédie* qui venait d'être réimprimé, et peut-être à celui du prince de Conty (1667). — 11. Le but. Instruire et plaire, c'est l'idéal classique.

- **Racine** semble attacher la plus grande importance à l'indication exacte et complète de **ses sources.**

   On observe cependant bien des oublis de sa part : la *Phèdre* de Sénèque dont il parle à peine; les tragédies de ses devanciers; Ovide, Virgile même.

   ① Ne pourrait-on pas soutenir, dès lors, qu'en citant ses sources le poète cédait à une sorte de mode, dont on trouve de nombreux exemples dans les préfaces de ses autres tragédies, comme dans celles de Corneille d'ailleurs? Quelles vous paraissent être les raisons de cette mode?

- **Étudiez** en particulier ce que déclare Racine à propos des aventures de **Thésée** (l. 54-65) et de la *Vie de Thésée* par Plutarque :
   — *conserver la vraisemblance de l'histoire* (l. 59),
   — *sans rien perdre des ornements de la fable* (l. 60).

   ② Vous vous attacherez à retrouver, dans la tragédie de Racine, la poésie qu'il doit aux *ornements de la fable.*

- **La moralité de « Phèdre »**

   ③ Les affirmations de Racine sur ce point vous paraissent-elles pouvoir se concilier avec cette observation de M. Antoine Adam (*Histoire de la littérature française du XVII*e *siècle*, t. IV, p. 377) :
   « Les passions de l'amour et de l'ambition n'étaient pas dans ses héros l'épanouissement d'une nature généreuse, mais un vertige, la voix des puissances mortelles que nous portons en nous pour notre damnation » ?

LA CHAMPMESLÉ
XVIIᵉ Siècle

Marie Desmares, dite la Champmeslé
(1642-1698)
créatrice du rôle de Phèdre

M'ᵉ Georges (1787-1867)

Maria Casarès
T.N.P. Strasbourg, 1957

Sarah Bernhardt
1898

Trois grandes interprètes

LES PERSONNAGES

THÉSÉE, fils d'Égée, roi d'Athènes.

PHÈDRE, femme de Thésée, fille de Minos et de Pasiphaé.

HIPPOLYTE, fils de Thésée et d'Antiope, reine des Amazones.

ARICIE, princesse du sang royal d'Athènes.

THÉRAMÈNE, gouverneur d'Hippolyte.

ŒNONE, nourrice et confidente de Phèdre.

ISMÈNE, confidente d'Aricie.

PANOPE, femme de la suite de Phèdre.

GARDES.

La scène est à Trézène, ville du Péloponnèse.

DÉCOR — On peut lire, dans un mémoire de l'Hôtel de Bourgogne:
« *Phèdre*. Théâtre est un palais voûté. Une chaise pour commencer. »

Jean-Louis Barrault précise :

« Deux éléments contrastants doivent former le décor : d'une part, la lumière, le soleil, l'air marin; d'autre part, des coins sombres donnés par les murs et les voûtes [...]. On doit sentir constamment la présence du soleil. L'action commence à l'aube et se termine après le coucher du soleil. Le soleil manifestera d'autant plus intensément sa présence que la scène sera traversée de rayons [...]. Les ombres doivent avoir des tonalités chaudes [...]. Un bout de ciel, néanmoins, doit être réservé. »

Phèdre, collection *Mises en scène*, p. 36-37.

PHÈDRE

TRAGÉDIE
REPRÉSENTÉE POUR LA PREMIÈRE FOIS
LE 1er JANVIER 1677

ACTE PREMIER

Scène première. — HIPPOLYTE, THÉRAMÈNE.

HIPPOLYTE. — Le dessein en est pris[1] : je pars, cher Théramène,
Et quitte le séjour de l'aimable Trézène[2].
Dans le doute mortel dont[3] je suis agité, *sens de devoir*
Je commence à rougir de mon oisiveté.
5 Depuis plus de six mois éloigné de mon père,
J'ignore le destin d'une tête[4] si chère ;
J'ignore jusqu'aux lieux qui le[5] peuvent cacher.

THÉRAMÈNE. — Et dans quels lieux, Seigneur, l'[5]allez-vous donc
[chercher ?
Déjà, pour satisfaire à votre juste crainte,
10 J'ai couru les deux mers[6] que sépare Corinthe ;
J'ai demandé Thésée aux peuples de ces bords
Où l'on voit l'Achéron se perdre chez les morts[7] ;
J'ai visité l'Élide[8], et laissant le Ténare[9],
Passé jusqu'à la mer qui vit tomber Icare[10].
15 Sur quel espoir nouveau, dans quels heureux climats
Croyez-vous découvrir la trace de ses pas ?
Qui sait même[11], qui sait si le Roi votre père
Veut que de son absence on sache le mystère ?
Et si, lorsqu'avec vous nous tremblons pour ses jours,
20 Tranquille, et nous cachant de nouvelles amours,
Ce héros n'attend point qu'une amante[12] abusée...

*présenté d'abord
Théramène*

---

1. Ma décision est prise. — 2. Ville du Péloponnèse, patrie de Thésée (voir la carte, p. 27) ; son calme et ses forêts y rendaient le séjour agréable *(aimable)*. — 3. Par lequel. — 4. Sens figuré : un être. — 5. Place normale, au XVIIe s., du pronom personnel complément de l'infinitif après les verbes *pouvoir, aller, devoir, vouloir*... — 6. La mer Égée et la mer Ionienne, séparées par l'isthme de *Corinthe*. — 7. L'Épire, où l'Achéron prend sa source : son caractère sauvage donna naissance à la légende selon laquelle il allait se perdre dans les Enfers. — 8. Contrée qui borde le Péloponnèse à l'ouest. — 9. Cap situé au sud du Péloponnèse. — 10. Partie de la mer Égée voisine de l'île d'Icarie, au large de la côte d'Asie Mineure. — 11. Théramène prend ici le ton de la confidence. — 12. Femme que l'on aime d'un amour partagé, dans la langue du XVIIe s.

HIPPOLYTE. — Cher Théramène, arrête, et respecte Thésée.
De ses jeunes erreurs[1] désormais revenu,
Par un indigne obstacle il n'est point retenu;
25 Et fixant de ses vœux l'inconstance fatale[2],
Phèdre depuis longtemps ne craint plus de rivale.
Enfin[3] en le cherchant je suivrai mon devoir,
Et je fuirai ces lieux que je n'ose plus voir.

THÉRAMÈNE. — Hé! depuis quand, Seigneur, craignez-vous la présence
30 De ces paisibles lieux, si chers à votre enfance,
Et dont je vous ai vu préférer le séjour
Au tumulte pompeux d'Athène et de la cour[4]?
Quel péril, ou plutôt quel chagrin vous en chasse?

HIPPOLYTE. — Cet heureux temps n'est plus. Tout a changé de face[5],
35 Depuis que sur ces bords les Dieux ont envoyé
La fille de Minos et de Pasiphaé[6].

THÉRAMÈNE. — J'entends : de vos douleurs la cause m'est connue.
Phèdre ici vous chagrine[7], et blesse votre vue.
Dangereuse marâtre[8], à peine elle vous vit,
40 Que votre exil d'abord signala son crédit[9].
Mais sa haine, sur vous autrefois attachée,
Ou s'est évanouie, ou s'est bien relâchée.
Et d'ailleurs quels périls vous[10] peut faire courir
Une femme mourante et qui cherche à mourir?
45 Phèdre, atteinte d'un mal qu'elle s'obstine à taire,
Lasse enfin d'elle-même et du jour qui l'éclaire,
Peut-elle contre vous former quelques desseins?

HIPPOLYTE. — Sa vaine inimitié n'est pas ce que je crains.
Hippolyte en partant fuit une autre ennemie[11] :
50 Je fuis, je l'avouerai, cette jeune Aricie,
Reste d'un sang fatal[12] conjuré contre nous.

allusions à l'hérédité → sens de tragédie, la fatalité

---

1. Ses erreurs de jeunesse. — 2. Phèdre a fixé sur elle l'amour de Thésée, jusqu'alors inconstant et soumis au hasard des rencontres. — 3. Hippolyte met, par ce mot, un point final aux allusions de Théramène, qu'il juge injurieuses pour Thésée. — 4. Anachronisme : la *cour* d'Athènes n'avait certainement rien de *pompeux*; Racine songe à Versailles. — 5. D'aspect. — 6. L'allusion à la naissance de Phèdre rappelle la malédiction que fait peser sur elle son hérédité : voir le tableau généalogique, p. 28-29. — 7. Fait souffrir. — 8. Le mot n'a aucun sens péjoratif (belle-mère) : c'est l'adjectif *dangereuse* qui traduit l'hostilité autrefois témoignée par Phèdre à Hippolyte. — 9. Le *crédit* dont Phèdre jouissait auprès de Thésée se manifesta par l'*exil* d'Hippolyte. — 10. Voir p. 39, n. 5. — 11. Sens figuré : langage de la galanterie. — 12. D'une famille que le destin oppose à celle de Thésée.

THÉRAMÈNE. — Quoi [1] ! vous-même, Seigneur, la persécutez-vous?
　　　　　　　Jamais l'aimable sœur des cruels Pallantides [2]
　　　　　　　Trempa-t-elle aux [3] complots de ses frères perfides?
　　　55 Et devez-vous haïr ses innocents appas?

HIPPOLYTE. — Si je la haïssais, je ne la fuirais pas [4]. *phrase clé isolée par Luien*

THÉRAMÈNE. — Seigneur, m'est-il permis d'expliquer votre fuite?
　　　　　　　Pourriez-vous n'être plus ce superbe [5] Hippolyte,
　　　　　　　Implacable ennemi des amoureuses lois [6],
　　　60 Et d'un joug que Thésée a subi tant de fois?
　　　　　　　Vénus, par votre orgueil si longtemps méprisée, *contrôle des dieux*
　　　　　　　Voudrait-elle à la fin justifier Thésée [7]?
　　　　　　　Et vous mettant au rang du reste des mortels, *périphrase*
　　　　　　　Vous a-t-elle forcé d'encenser ses autels?
　　　65 Aimeriez-vous, Seigneur? *isolée*

image de feu

---

1. Théramène ne comprend pas, ou feint de ne pas comprendre. — 2. Les fils de *Pallas* disputèrent à Thésée le trône d'Athènes à la mort de leur oncle Égée; Thésée les massacra. — 3. Dans les. — 4. Réserve et pudeur de l'expression. — 5. Orgueilleux (voir le vers 61) et inaccessible à l'amour : c'est l'Hippolyte d'Euripide. — 6. Les lois de l'amour. — 7. L'inconstance de Thésée en amour est son seul défaut aux yeux d'Hippolyte (voir les v. 83-94); si Vénus a su rendre Hippolyte amoureux, elle justifie par là-même Thésée.

■■

● **L'exposition est commencée,** mais elle pose plus de questions qu'elle n'en résout :
　— THÉSÉE a disparu : depuis combien de temps? pourquoi? où peut-il se trouver?
　— PHÈDRE déteste Hippolyte : comment se manifeste cette haine? pourquoi Phèdre est-elle *mourante* (v. 44) aujourd'hui?
　— HIPPOLYTE étouffe à Trézène : pourquoi? est-il amoureux? Aricie, l'ennemie de Thésée et des siens, est-elle celle qu'il aimerait?
　① Montrez comment Racine a créé ainsi l'atmosphère tragique et comment il a éveillé la curiosité des spectateurs.

● **Le monde grec** s'impose d'emblée : les cités (Trézène, Athènes), le Péloponnèse (l'Élide, le cap Ténare), la mer surtout (voir la carte, p. 27); les cruelles légendes antiques concernent directement les personnages : le héros Thésée, Minos et Pasiphaé (voir le tableau généalogique, p. 28-29), les fils de Pallas...

● **La poésie** exprime ce dépaysement : accumulation de noms de lieux (v. 10-14) aux sonorités parfois étranges (v. 36).
　② Rappelant que Racine a été formé par la lecture des écrivains de la Grèce classique, M. Thierry Maulnier caractérise ainsi leur poésie : « L'harmonie et la mesure des mots, les tonalités, les cadences, les images enfin et les mythes. » Retrouvez ici ces caractères.

■■

HIPPOLYTE. —   Ami, qu'oses-tu dire?
Toi qui connais mon cœur depuis que je respire,
Des sentiments d'un cœur si fier [1], si dédaigneux,
Peux-tu me demander le désaveu honteux?
C'est peu qu'avec son lait une mère amazone [2]
70 M'ait fait sucer encor cet orgueil qui t'étonne;
Dans un âge plus mûr moi-même parvenu,
Je me suis applaudi [3] quand je me suis connu.
Attaché près de moi par un zèle sincère,
Tu me contais alors l'histoire de mon père.
75 Tu sais combien mon âme, attentive à ta voix,
S'échauffait au récit de ses nobles exploits,
Quand tu me dépeignais ce héros intrépide
Consolant les mortels de l'absence d'Alcide [4],
Les monstres étouffés et les brigands punis,
80 Procuste, Cercyon, et Scirron, et Sinnis [5],
Et les os dispersés du géant d'Épidaure [6],
Et la Crète fumant du sang du Minotaure [7].
Mais quand tu récitais des faits moins glorieux,
Sa foi [8] partout offerte et reçue en cent lieux;
85 Hélène [9] à ses parents dans Sparte dérobée;
Salamine témoin des pleurs de Péribée [10];
Tant d'autres, dont les noms lui sont même échappés [11],
Trop crédules esprits que sa flamme a trompés;
Ariane [12] aux rochers contant ses injustices,
90 Phèdre enlevée enfin sous de meilleurs auspices [13];
Tu sais comme à regret écoutant ce discours,
Je te pressais souvent d'en abréger le cours,
Heureux si j'avais pu ravir à la mémoire [14]
Cette indigne moitié d'une si belle histoire.

---

1. Au sens figuré de la galanterie : qui refuse l'amour. — 2. Antiope, enlevée par Thésée. — 3. Je me suis félicité d'être rebelle aux tentations de l'amour. — 4. Héraclès (Hercule), fils d'*Alcée*, et alors captif chez Omphale. — 5. Tous ces brigands, qui profitaient de l'absence d'Héraclès pour dévaster l'isthme de Corinthe, furent tués par Thésée se rendant de Trézène à Athènes : voir Ovide, *Métamorphoses*, VII, v. 433-450. — 6. Périphétès. — 7. Thésée, en tuant le Minotaure, avait libéré Athènes du tribut sanglant qu'il exigeait tous les neuf ans. — 8. Promesses de *fidélité* en amour. — 9. Thésée avait enlevé Hélène avec l'aide de Pirithoüs; tirée au sort entre les deux héros, elle échut à Thésée. — 10. Fille du roi de Mégare; conquise par Thésée sur Minos, elle épousa plus tard Télamos, roi de Salamine. — 11. Ont été oubliés par lui. — 12. Sœur de Phèdre qui, par amour pour Thésée, lui donna le moyen de sortir du Labyrinthe; Thésée l'abandonna ensuite dans l'île rocheuse de Naxos (voir le v. 254). — 13. Deucalion, fils de Minos, l'avait donnée en mariage à Thésée. — 14. L'histoire.

95 Et moi-même, à mon tour, je me verrais lié[1]?
　　Et les Dieux jusque-là m'auraient humilié?
　　Dans mes lâches soupirs[2] d'autant plus méprisable,
　　Qu'un long amas d'honneurs[3] rend Thésée excusable,
　　Qu'aucuns[4] monstres par moi domptés jusqu'aujour-
　　　　　　　　　　　　　　　　　　　　　[d'hui
100 Ne m'ont acquis le droit de faillir comme lui.
　　Quand même ma fierté[5] pourrait s'être adoucie,
　　Aurais-je pour vainqueur[6] dû choisir Aricie?
　　Ne souviendrait-il plus à mes sens égarés
　　De l'obstacle éternel qui nous a séparés?
105 Mon père la réprove[7]; et par des lois sévères
　　Il défend de donner des neveux à ses frères :
　　D'une tige coupable il craint un rejeton;
　　Il veut avec leur sœur ensevelir leur nom,
　　Et que jusqu'au tombeau soumise[8] à sa tutelle,
110 Jamais les feux d'hymen ne s'allument pour elle.
　　Dois-je épouser ses droits contre un père irrité?
　　Donnerai-je l'exemple à la témérité[9]?
　　Et dans un fol amour ma jeunesse embarquée...

---

1. Style galant : *lié* par des liens amoureux. — 2. *Soupirs* d'amour; *lâches* s'oppose à *fier* (v. 67). — 3. Hauts faits qui excusent les faiblesses de Thésée. — 4. Régulièrement employé au pluriel par les écrivains du xviie s., avec une valeur négative. — 5. C'est toujours l'Hippolyte inaccessible à l'amour (voir p. 41, n. 5). — 6. Langage de la galanterie. — 7. Sens fort : la maudit. Thésée a interdit le mariage à Aricie, afin que s'éteigne la race des fils de Pallas : voir le v. 53 et la n. 2. — 8. Le participe se rapporte à *elle* (v. 110) et non au sujet; la règle actuelle n'est devenue stricte sur ce point qu'à la fin du xixe s. — 9. Révolte présomptueuse contre la volonté d'un *père irrité*.

● **Le mouvement du monologue**
　① Après quatre vers qui traduisent la souffrance d'Hippolyte, distinguez les trois mouvements du monologue :
　　— les exploits de Thésée;
　　— ses amours;
　　— la révolte d'Hippolyte.
　② Pourquoi l'élan de la tirade est-il brusquement interrompu par Théramène?

● **Les caractères** — Celui d'HIPPOLYTE se dessine : un fils qui admire et respecte son père tout en souffrant de son inconduite; un adolescent dont la pureté un peu hautaine constitue une défense contre le mauvais exemple de son père. Mais son cœur a été ému par Aricie. Il faut fuir...
　③ L'inquiétude d'Hippolyte et son désir de retrouver son père ne se trouvent ni chez Euripide ni chez Sénèque. Montrez comment Racine a ajouté ainsi au caractère du jeune héros un trait qui le rend plus humain et plus vrai.

THÉRAMÈNE. — Ah! Seigneur, si votre heure est une fois marquée [1],
115 Le Ciel de nos raisons ne sait point s'informer.
Thésée ouvre vos yeux en voulant les fermer;
Et sa haine, irritant une flamme rebelle,
Prête à son ennemie une grâce nouvelle [2].
Enfin d'un chaste amour pourquoi vous effrayer?
120 S'il a quelque douceur, n'osez-vous l'essayer [3]?
En croirez-vous toujours un farouche [4] scrupule?
Craint-on de s'égarer sur les traces d'Hercule [5]?
Quels courages [6] Vénus n'a-t-elle pas domptés?
Vous-même, où seriez-vous, vous qui la combattez,
125 Si toujours Antiope à ses lois opposée,
D'une pudique ardeur n'eût brûlé pour Thésée [7]?
Mais [8] que sert d'affecter un superbe [9] discours?
Avouez-le, tout change; et depuis quelques jours
On vous voit moins souvent, orgueilleux et sauvage [10],
130 Tantôt faire voler un char sur le rivage,
Tantôt, savant dans l'art par Neptune inventé [11],
Rendre docile au frein un coursier indompté.
Les forêts de nos cris moins souvent retentissent;
Chargés d'un feu secret, vos yeux s'appesantissent.
135 Il n'en faut point douter : vous aimez, vous brûlez;
Vous périssez d'un mal que vous dissimulez.
La charmante [12] Aricie a-t-elle su vous plaire?

HIPPOLYTE. — Théramène [13], je pars, et vais chercher mon père.

THÉRAMÈNE. — Ne verrez-vous point Phèdre avant que de partir,
140 Seigneur?

HIPPOLYTE. —   C'est mon dessein : tu peux l'en avertir.
Voyons-la, puisqu'ainsi mon devoir me l'ordonne.
Mais quel nouveau malheur trouble sa chère Œnone?

---

1. Vers difficiles; sans doute faut-il sous-entendre : vous avez tort de vous défendre, car *le Ciel*... — 2. Thésée, en interdisant le mariage à Aricie (v. 105-110), a éveillé chez Hippolyte une pitié qui donne plus de force à son amour naissant. — 3. Faire l'expérience de cette *douceur* (amour). — 4. A rapprocher de *fier* (v. 67). — 5. Hercule lui-même fut amoureux : on peut l'imiter. — 6. Cœurs. — 7. Hostile au mariage, comme toutes les Amazones, Antiope avait néanmoins épousé Thésée : c'est à cet amour qu'Hippolyte doit sa naissance. Même argument dans *les Femmes savantes* (v. 77) : mais le ton n'y est plus tout à fait celui de la tragédie. — 8. Théramène se fait à nouveau confidentiel. — 9. Orgueilleux. — 10. Aucun sens péjoratif : fuyant la société des hommes. — 11. Neptune était le père du cheval Areion, aussi rapide aux jeux qu'à la guerre. — 12. *Charmante* : qui exerce un pouvoir magique; style galant. — 13. Hippolyte rompt l'entretien : Théramène se fait trop insinuant.

SCÈNE II. — HIPPOLYTE, THÉRAMÈNE, ŒNONE.

ŒNONE. — Hélas! Seigneur, quel trouble au mien peut être égal?
La Reine touche presque à son terme fatal [1].
145 En vain à l'observer jour et nuit je m'attache :
Elle meurt dans mes bras d'un mal qu'elle me cache [2].
Un désordre éternel [3] règne dans son esprit.
Son chagrin inquiet l'arrache de son lit.
Elle veut voir le jour, et sa douleur profonde
150 M'ordonne toutefois d'écarter tout le monde...
Elle vient.

HYPPOLYTE. — Il suffit : je la laisse en ces lieux,
Et ne lui montre point un visage odieux [4].

---

1. Voulu par le destin : la mort. — 2. L'allitération (*m*eurt, *m*es, *m*al, *m*e) exprime une sorte d'essoufflement et de désespoir chez Œnone : voir le commentaire de Pierre Moreau, p. 127. — 3. Qui ne cesse jamais : l'expression n'a rien de familier au XVIIe s. — 4. Capable de susciter sa haine.

■■■

- **L'exposition** est largement entamée.

① Relevez-en les éléments les plus importants :
— le monde où évoluent les héros, mais aussi celui qu'ils évoquent et nous laissent deviner en imagination;
— les événements qui se sont passés, par la volonté des dieux ou celle des hommes, et leurs conséquences présentes;
— les sentiments des personnages, qui les situent les uns par rapport aux autres dans l'amour ou dans la haine.

Mais le véritable drame n'apparaît pas encore; un seul problème semble se poser : Hippolyte se laissera-t-il fléchir par son amour pour Aricie?

- **Le personnage de Phèdre** ne laisse pas d'être inquiétant, avant même de paraître sur la scène.

② Étudiez ce qui provoque cette inquiétude : la naissance de Phèdre, son hérédité, la haine qu'elle portait à Hippolyte, le mal qui la ronge, mystérieux et mortel.

- **L'apparition d'Œnone**; Jean-Louis Barrault la décrit ainsi :

③ « Œnone apparaît... Ses voiles, comme un oiseau qui bat des ailes, se cognent à droite et à gauche contre les cloisons du couloir lointain. Elle court... Théramène, apercevant Œnone, s'est arrêté net. Hippolyte, remarquant l'arrêt de Théramène, s'est retourné... Œnone toujours en accourant a pris place au troisième plan... L'oiseau du malheur est devant eux » (Collection *Mises en scène*).
Discutez cette mise en scène.

■■■

SCÈNE III. — PHÈDRE, ŒNONE.

PHÈDRE. — N'allons point plus avant. Demeurons, chère Œnone.
Je ne me soutiens plus ; ma force m'abandonne[1].
155 Mes yeux sont éblouis du jour que je revoi[2],
Et mes genoux tremblants se dérobent sous moi.
Hélas !

(Elle s'assied.)

ŒNONE. — Dieux tout-puissants ! que nos pleurs vous
[apaisent.

PHÈDRE. — Que ces vains[3] ornements, que ces voiles me pèsent !
Quelle importune main, en formant tous ces nœuds,
160 A pris soin sur mon front, d'assembler mes cheveux ?
Tout m'afflige et me nuit, et conspire à me nuire.

ŒNONE. — Comme on voit tous ses vœux l'un l'autre se détruire[4] !
Vous-même, condamnant vos injustes desseins[5],
Tantôt à vous parer vous excitiez nos mains ;
165 Vous-même, rappelant votre force première[6],
Vous vouliez vous montrer et revoir la lumière.
Vous la voyez, Madame ; et prête à vous cacher,
Vous haïssez le jour que vous veniez chercher ?

PHÈDRE. — Noble et brillant auteur d'une triste famille[7],
170 Toi, dont ma mère osait se vanter d'être fille[8],
Qui peut-être rougis du trouble où tu me vois,
Soleil, je te viens voir pour la dernière fois.

ŒNONE. — Quoi ! vous ne perdrez point cette cruelle envie ?
Vous verrai-je toujours, renonçant à la vie,
175 Faire de votre mort les funestes[9] apprêts ?

---

1. Le rythme est haché, comme haletant. Marquer les coupes à la lecture. — 2. Orthographe archaïque, conservée par Racine pour la rime. — 3. Sans valeur, sans utilité. — 4. Œnone prend à témoin le public, ou peut-être Panope, la suivante de Phèdre, qui l'accompagne sans doute ; le vers suivant s'adresse à Phèdre. — 5. La décision qu'elle avait prise de ne plus se montrer au dehors. — 6. D'autrefois. — 7. Phèdre ne répond pas directement à Œnone : l'invocation à son ancêtre, le Soleil, explique sa haine du jour. — 8. Pasiphaé naquit des amours d'Hélios (le Soleil), fils du titan Hypérion, et de Perséis, fille du titan Océan : voir le tableau généalogique, p. 28-29. — 9. Qui concernent la mort ; sens étymologique : lat. *funus.*

PHÈDRE. — Dieux! que ne suis-je assise à l'ombre des forêts [1]!
Quand pourrai-je, au travers d'une noble [2] poussière,
Suivre de l'œil un char fuyant dans la carrière [3]?

ŒNONE. — Quoi, Madame?

PHÈDRE. — Insensée, où suis-je? et qu'ai-je dit?
180 Où laissé-je égarer mes vœux et mon esprit?
Je l[4]'ai perdu : les Dieux m'en ont ravi l'usage.
Œnone, la rougeur me couvre le visage :
Je te laisse trop voir mes honteuses douleurs,
Et mes yeux, malgré moi, se remplissent de pleurs.

ŒNONE. 185 Ah! s'il vous faut rougir, rougissez d'un silence
Qui de vos maux encore aigrit [5] la violence.
Rebelle à tous nos soins, sourde à tous nos discours,
Voulez-vous sans pitié laisser finir vos jours?
Quelle fureur les borne au milieu de leur course [6]?
190 Quel charme [7] ou quel poison en a tari la source?
Les ombres par trois fois ont obscurci les cieux
Depuis que le sommeil n'est entré dans vos yeux,
Et le jour a trois fois chassé la nuit obscure
Depuis que votre corps languit sans nourriture.

---

1. Nouvelle fuite de Phèdre : cette fois-ci c'est une vision. — 2. L'adjectif évoque la noblesse des courses de chars; il atténue le réalisme du mot *poussière*. — 3. Hippodrome, champ de courses. — 4. Le pronom renvoie à *esprit*. — 5. Augmente et irrite. — 6. Par quelle folie voulez-vous y mettre fin? — 7. Sens fort : influence mystérieuse et surnaturelle.

- **L'apparition de Phèdre** — Racine a voulu que le personnage suscite à la fois pitié et respect.

  ① Étudiez, dans cette perspective, ses plaintes et le rappel de sa filiation divine.

- **Le ton** est feutré : les sonorités sont sourdes, les répliques se succèdent lentement, comme si elles se répondaient à peine.

- **L'imagination** est sollicitée : étranges légendes mythologiques, évocations du monde extérieur (*l'ombre des forêts* v. 176; les courses de chars, v. 178). Mais Œnone rompt l'enchantement au vers 185.

  ② Qu'est-ce qui provoque sa violence?

  ③ Étudiez les sonorités du vers 161 (rôle de l'*i*; cf. les v. 1203-1204) et son rythme quaternaire. Puis tirez des conclusions de votre étude (voir p. 127 le commentaire de M. Pierre Moreau).

195 A[1] quel affreux dessein vous laissez-vous tenter ?
De quel droit sur vous-même osez-vous attenter ?
Vous offensez les Dieux auteurs de votre vie[2] ;
Vous trahissez l'époux à qui la foi vous lie ;
Vous trahissez enfin vos enfants[3] malheureux,
200 Que vous précipitez sous un joug rigoureux.
Songez qu'un même jour leur ravira leur mère,
Et rendra l'espérance au fils de l'étrangère[4],
A ce fier ennemi de vous, de votre sang,
Ce fils qu'une Amazone a porté dans son flanc,
205 Cet Hippolyte...

PHÈDRE. — Ah, Dieux !

ŒNONE. — Ce reproche vous touche.

PHÈDRE. — Malheureuse, quel nom est sorti de ta bouche ?

ŒNONE. — Hé bien ! votre colère éclate avec raison[5] :
J'aime à vous voir frémir à ce funeste nom.
Vivez donc. Que l'amour, le devoir vous excite[6].
210 Vivez, ne souffrez pas que le fils d'une Scythe[7],
Accablant vos enfants d'un empire[8] odieux,
Commande au plus beau sang de la Grèce et des Dieux[9].
Mais ne différez point : chaque moment vous tue.
Réparez promptement votre force abattue.
215 Tandis que de vos jours, prêts à se consumer,
Le flambeau dure encore, et peut se rallumer[10].

PHÈDRE. — J'en ai trop prolongé la coupable durée.

ŒNONE. — Quoi[11] ? de quelques remords êtes-vous déchirée ?
Quel crime[12] a pu produire un trouble si pressant[13] ?
220 Vos mains n'ont point trempé dans le sang innocent ?

---

1. Par. — 2. Condamnation du suicide plus chrétienne que païenne. — 3. Il en est peu question dans la pièce, sauf lorsqu'il s'agit (v. 343) du trône promis à son fils aîné après la mort de Thésée ; selon la tradition antique, ils se seraient appelés Acamas et Démophon. — 4. *Une Scythe* : voir le v. 210. — 5. Œnone croit avoir réveillé la haine de Phèdre contre Hippolyte. — 6. Sens du latin *excitare* : réveiller, encourager. — 7. La légende situait le royaume des Amazones dans les plaines du Danube ou dans le Caucase : la Scythie pour les Anciens. — 8. Pouvoir (lat. *imperium*). — 9. Au *fils de l'étrangère* (v. 202), Œnone oppose la filiation purement grecque des fils de Phèdre. — 10. L'image est très pleine : une flamme peut renaître de ce foyer de vie qui s'éteint. — 11. Surprise d'Œnone : l'adjectif *coupable* lui révèle qu'elle avait mal interprété le cri du v. 205. — 12. Au sens étymologique : faute ; mais, au v. suivant, Œnone glisse à un sens plus précis et plus fort. — 13. Qui accable.

PHÈDRE.	— Grâces au Ciel, mes mains ne sont point criminelles.
	Plût aux Dieux que mon cœur fût innocent comme elles !
ŒNONE.	— Et quel affreux [1] projet avez-vous (enfanté,)
	Dont votre cœur encor doive être épouvanté ?
PHÈDRE.	225 Je t'en ai dit assez. Épargne-moi le reste.
	Je meurs, pour ne point faire un aveu si funeste.
ŒNONE.	— Mourez donc, et gardez un silence inhumain ;
	Mais pour fermer vos yeux cherchez une autre main.
	Quoiqu'il vous reste à peine une faible lumière [2],
	230 Mon âme chez les morts descendra la première.
	Mille chemins ouverts y conduisent toujours [3],
	Et ma juste douleur choisira les plus courts.
	Cruelle, quand ma foi [4] vous a-t-elle déçue ?
	Songez-vous qu'en naissant [5] mes bras vous ont reçue ?
	235 Mon pays, mes enfants, pour vous j'ai tout quitté [6].
	Réserviez-vous ce prix à ma fidélité ?

(annotations manuscrites : « emploie — plus fort » ; « vs. connotations » ; « esprit / cœur » ; « paradoxe — plus fort / « le faible cœr » ; « le flambeau »)

---

1. Même expression au v. 195 : Œnone est aussi effrayée par l'attitude de Phèdre que par ces demi-aveux. — 2. Vie. — 3. L'image appartient à la poésie antique. — 4. Fidélité. — 5. Quand vous êtes née (voir p. 43, n. 8). — 6. C'est un des rares passages de la tragédie où nous apprenons quelque chose de l'histoire d'Œnone.

■■

● **Œnone,** pour amener Phèdre à révéler son secret, use d'arguments d'ordre très différents :
— la souffrance que Phèdre inflige à son entourage ;
— l'offense aux Dieux, *auteurs de votre vie* (v. 197) ;
— la trahison envers ses enfants, dont le trône est menacé par le *fils de l'étrangère* (v. 202) ;
— l'appel à la pitié enfin.

① Montrez qu'il y a une progression et qu'elle rend le silence de Phèdre de plus en plus insupportable, pour elle-même comme pour les spectateurs.

● **La tension augmente** entre les deux femmes : Phèdre est déchirée par la honte, Œnone par la souffrance de se sentir impuissante à la fois à guérir sa maîtresse et à lui faire reconnaître son dévouement passionné.

② M. Raymond Picard écrit (*Théâtre* de Racine, Pléiade, p. 760) : « En se confiant à Œnone, Phèdre se rend vulnérable à ses conseils. » Cherchez dans la scène 3 des preuves de cette affirmation.

③ Montrez comment le mépris d'Œnone pour le *fils de l'étrangère* exprime son attachement à Phèdre.

■■

répl. de Ph. = crime, coup., horreur, etc.

PHÈDRE. — Quel fruit espères-tu de tant de violence[1] ?
Tu frémiras d'horreur si je romps le silence.

ŒNONE. — Et que me direz-vous qui ne cède, grands Dieux !
240 A l'horreur de vous voir expirer[2] à mes yeux ?

PHÈDRE. — Quand tu sauras mon crime[3], et le sort qui m'accable,
Je n'en mourrai pas moins, j'en mourrai plus coupable[4].

ŒNONE. — Madame, au nom des pleurs que pour vous j'ai versés,
Par vos faibles genoux que je tiens embrassés[5],
245 Délivrez mon esprit de ce funeste[6] doute.

PHÈDRE. — Tu le veux. Lève-toi[7].

ŒNONE. —   Parlez, je vous écoute.

PHÈDRE. — Ciel ! que lui vais-je dire ? Et par où commencer ?

ŒNONE. — Par de vaines[8] frayeurs cessez de m'offenser.

PHÈDRE. — Ô haine de Vénus ! Ô fatale[9] colère !
250 Dans quels égarements[10] l'amour jeta ma mère !

ŒNONE. — Oublions-les, Madame ; et qu'à tout l'avenir
Un silence éternel cache ce souvenir.

PHÈDRE. — Ariane, ma sœur[11], de quel amour blessée,
Vous mourûtes aux bords où vous fûtes laissée !

ŒNONE. 255 Que faites-vous, Madame ? et quel mortel ennui[12]
Contre tout votre sang[13] vous anime aujourd'hui ?

PHÈDRE. — Puisque Vénus le veut, de ce sang déplorable[14]
Je péris la dernière et la plus misérable[15].

ŒNONE. — Aimez-vous ?

PHÈDRE. —   De l'amour j'ai toutes les fureurs[16].

ŒNONE. 260 Pour qui ?

---

1. Force dont use Œnone dans cette sorte de chantage à sa fidélité. — 2. C'est comme une hantise pour Œnone : voir les v. 146, 174-175... — 3. Sens étymologique : faute. — 4. L'aveu donnera à sa faute plus de consistance. — 5. Attitude du suppliant antique. — 6. Qui cause la mort. — 7. Phèdre relève Œnone qui s'est jetée à ses genoux : l'intensité dramatique croît. — 8. Inutiles, puisque Phèdre persiste à se taire. — 9. Voulue par le destin. — 10. Allusion à l'amour monstrueux de Pasiphaé pour un taureau. — 11. Voir p. 42, n. 12. — 12. Sens très fort : tourment de l'âme. — 13. Toute votre famille. — 14. Qui mérite des *pleurs*. — 15. Digne de pitié. — 16. Mouvements irraisonnés : l'amour que Vénus inspire à Phèdre est, pour elle comme pour les autres membres de sa famille, une sorte de malédiction.

PHÈDRE. —   Tu vas ouïr le comble des horreurs.
J'aime... A ce nom fatal, je tremble, je frissonne,
J'aime...

ŒNONE. —   Qui?

PHÈDRE. —   Tu connais ce fils de l'Amazone,
Ce prince si longtemps par moi-même opprimé?

ŒNONE. — Hippolyte! Grands Dieux!

PHÈDRE. —   C'est toi qui l'as nommé [1].

ŒNONE. —265 Juste Ciel! tout mon sang dans mes veines se glace.
Ô désespoir! ô crime! ô déplorable race!
Voyage infortuné! Rivage malheureux,
Fallait-il approcher de tes bords dangereux [2]?

---

1. Pour la seconde fois dans la scène: voir le v. 205; mais cette fois-ci il n'y a plus d'équivoque possible. — 2. Cette lamentation rappelle les cris de douleur du chœur dans la tragédie antique.

■■

● **Les rythmes de la scène** sont extrêmement divers : étudiez-en la succession :

— la lenteur du début (v. 153-178);
— les tirades d'Œnone (v. 185-236) où le mouvement devient **large et passionné**, coupé par quelques courtes répliques de Phèdre, presque haletantes;
— le dialogue de plus en plus pressé qui aboutit à l'aveu de Phèdre au vers 264 et qui traduit l'agitation dans laquelle se trouvent les **deux femmes**.

① Montrez comment cette progression donne leur intensité particulière aux vers qui précèdent et qui suivent immédiatement le vers 264.

● **Œnone,** par sa violence et ses supplications, a eu raison de Phèdre.
② Analysez l'attitude de celle-ci, contrainte, incapable d'imposer sa volonté; il y a en elle quelque chose de brisé.

● **L'aveu**

③ Étudiez comment son long cheminement (v. 246-264) sous les efforts d'Œnone donne à Phèdre la possibilité d'en refuser, en quelque sorte, la responsabilité (v. 264).

④ Quel rôle jouent, dans le mouvement de la scène, les vers lyriques par lesquels Phèdre semble fuir la présence d'Œnone et le lieu même où elle se trouve?

■■

Acte I, sc. 3

PHÈDRE.   — Mon mal vient de plus loin [1]. A peine [2] au fils d'Égée
270 Sous les lois de l'hymen je m'étais engagée,
     Mon repos, mon bonheur semblait être affermi,
     Athènes me montra mon superbe [3] ennemi.
     Je le vis, je rougis, je pâlis à sa vue;
     Un trouble s'éleva dans mon âme éperdue;
275 Mes yeux ne le voyaient plus, je ne pouvais parler;
     Je sentis tout mon corps et transir [4] et brûler;
     Je reconnus Vénus [5] et ses feux redoutables,
     D'un sang qu'elle poursuit [6] tourments inévitables.
     Par des vœux assidus je crus les détourner :
280 Je lui bâtis un temple, et pris soin de l'orner;
     De victimes moi-même à toute heure entourée,
     Je cherchais dans leurs flancs ma raison égarée.
     D'un incurable amour remèdes impuissants !
284 En vain sur les autels ma main brûlait l'encens :
285 Quand ma bouche implorait le nom de la Déesse,
     J'adorais Hippolyte; et le voyant sans cesse,
     Même au pied des autels que je faisais fumer,
     J'offrais tout à ce Dieu que je n'osais nommer.
     Je l'évitais partout. Ô comble de misère !
290 Mes yeux le retrouvaient dans les traits de son père.
     Contre moi-même enfin j'osai me révolter :
     J'excitai mon courage à le persécuter.
     Pour bannir l'ennemi dont j'étais idolâtre [7],
     J'affectai les chagrins [8] d'une injuste marâtre;
295 Je pressai son exil, et mes cris éternels
     L'arrachèrent du sein et des bras paternels.
     Je respirais, Œnone; et depuis son absence,
     Mes jours moins agités coulaient dans l'innocence.
     Soumise à mon époux, et cachant mes ennuis,
300 De son fatal [9] hymen je cultivais les fruits [10].
     Vaines précautions ! Cruelle destinée [11] !
     Par mon époux lui-même à Trézène amenée,
     J'ai revu l'ennemi que j'avais éloigné :

---

1. Phèdre répond à la malédiction qu'Œnone vient de prononcer contre Trézène (v. 267-268). — 2. Depuis peu. — 3. Voir p. 41, n. 5. — 4. Être saisi de froid. — 5. L'action de Vénus. — 6. D'une race qu'elle persécute (voir le v. 249). — 7. Sens propre : l'idolâtre rend à une créature les honneurs dus à un dieu. — 8. L'hostilité. — 9. Malheureux, voué à la mort. — 10. J'élevais les enfants. — 11. Les exclamations annoncent un changement de ton : observer le crescendo qui va suivre.

52

Ma blessure trop vive [1] aussitôt a saigné.
305 Ce n'est plus une ardeur dans mes veines cachée :
C'est Vénus toute entière à sa proie attachée [2].
J'ai conçu pour mon crime [3] une juste terreur;
J'ai pris la vie en haine, et ma flamme en horreur.
Je voulais en mourant prendre soin de ma gloire [4],
310 Et dérober au jour une flamme si noire [5];
Je n'ai pu soutenir tes larmes, tes combats;
Je t'ai tout avoué [6]; je ne m'en repens pas,
Pourvu que de ma mort respectant les approches,
Tu ne m'affliges plus par d'injustes reproches,
315 Et que tes vains secours cessent de rappeler
Un reste de chaleur tout prêt à s'exhaler [7].

---

1. Encore vivante. — 2. Cf. Horace (*Odes*, I, 19) : *Tota ruens Venus*. Le senti-ment de la malédiction dont Phèdre se sent l'objet éclate ici. — 3. Ma faute. — 4. Sauve-garder mon honneur. — 5. Sens figuré : si monstrueuse. — 6. Marquer les coupes : le débit de Phèdre se fait haletant. — 7. On retrouve le ton du début de la scène.

● **La peinture de la passion** met en évidence son caractère dissolvant.

① Analysez ses manifestations chez Phèdre : les souffrances physiques, les tortures morales, la conduite à l'égard de l'être aimé. Relevez l'accumulation des épithètes qui expriment la fatalité de cette passion.

② Comparez les effets de la passion amoureuse dans cette scène à ceux qu'elle produit chez Corneille (dans *le Cid*, par exemple).

● **La scène semble revenir à son point de départ :** étudiez le rythme des derniers vers.

● **Le personnage de Phèdre** — Nous n'ignorons plus rien de ses senti-ments : l'aveu qu'elle vient d'en faire donne une réalité plus insup-portable à sa faute.

③ Ne pourrait-on appliquer ici à Phèdre cette maxime de La Roche-foucauld (72, éd. Bordas) : « Si on juge de l'amour par la plupart de ses effets, il ressemble plus à la haine qu'à l'amitié »?
④ N'apercevez-vous pas, chez Phèdre, le sentiment d'une injustice dont elle se serait rendue coupable à l'égard d'Hippolyte (v. 293-296)? quelle est l'importance de ce détail?

● **Racine a suivi de près Euripide :** voir pages 23 et 24.
⑤ Montrez ce qu'il en a retenu, ce qu'il a supprimé, et justifiez ses imitations et ses refus.

SCÈNE IV. — PHÈDRE, ŒNONE, PANOPE.

PANOPE.　— Je voudrais vous cacher une triste nouvelle,
Madame; mais il faut que je vous la révèle.
La mort vous a ravi votre invincible époux;
320　Et ce malheur n'est plus ignoré que de vous.

ŒNONE.　— Panope, que dis-tu?

PANOPE.　—　　　　　　Que la Reine abusée [1]
En vain demande au Ciel le retour de Thésée;
Et que par des vaisseaux arrivés dans le port
Hippolyte son fils vient d'apprendre sa mort.

PHÈDRE.　325 Ciel!

PANOPE.　—　　Pour le choix d'un maître Athènes se partage [2].
Au Prince votre fils l'un donne son suffrage,
Madame; et de l'État l'autre oubliant les lois,
Au fils de l'étrangère ose donner sa voix.
On dit même qu'au [3] trône une brigue [4] insolente
330　Veut placer Aricie et le sang de Pallante.
J'ai cru de ce péril vous devoir avertir.
Déjà même Hippolyte est tout prêt à partir [5];
Et l'on craint, s'il paraît dans ce nouvel orage [6],
Qu'il n'entraîne après lui tout un peuple volage.

ŒNONE.　335 Panope, c'est assez. La Reine, qui t'entend [7],
Ne négligera point cet avis important.

SCÈNE V. — PHÈDRE, ŒNONE.

ŒNONE.　— Madame, je cessais de vous presser de vivre;
Déjà même au tombeau je songeais à vous suivre;
Pour vous en détourner je n'avais plus de voix;
340　Mais ce nouveau malheur vous prescrit d'autres lois.
Votre fortune [8] change et prend une autre face :
Le Roi n'est plus, Madame; il faut prendre sa place.
Sa mort vous laisse un fils à qui vous vous devez,
Esclave s'il vous perd, et roi si vous vivez.

---

1. Ignorant la vérité. — 2. La nouvelle est arrivée à Athènes avant de parvenir jusqu'à Trézène : les intrigues ont déjà pu naître autour du trône de Thésée. — 3. Sur le. — 4. Un parti. — 5. *Prêt à partir* à la recherche de son père; Hippolyte est à même de se rendre immédiatement à Athènes. — 6. Ce trouble inattendu. — 7. Phèdre n'a poussé qu'un soupir (v. 325); aussi Œnone pense-t-elle devoir rassurer Panope décontenancée. — 8. Situation.

345 Sur qui, dans son malheur, voulez-vous qu'il s'appuie?
Ses larmes n'auront plus de main qui les essuie;
Et ses cris innocents, portés jusques aux Dieux,
Iront contre sa mère irriter [1] ses aïeux.
Vivez, vous n'avez plus de reproche à vous faire :
350 Votre flamme devient une flamme ordinaire [2].
Thésée en expirant vient de rompre les nœuds
Qui faisaient tout le crime et l'horreur de vos feux.
Hippolyte pour vous devient moins redoutable,
Et vous pouvez le voir sans vous rendre coupable.
355 Peut-être convaincu de votre aversion,
Il va donner un chef à la sédition.
Détrompez son erreur [3], fléchissez son courage [4].
Roi de ces bords heureux, Trézène est son partage;
Mais il sait que les lois donnent à votre fils [5]
360 Les superbes remparts que Minerve a bâtis [6].
Vous avez l'un et l'autre une juste ennemie :
Unissez-vous tous deux pour combattre Aricie.

PHÈDRE. — Hé bien ! à [7] tes conseils je me laisse entraîner.
Vivons, si vers la vie on peut me ramener,
365 Et si l'amour d'un fils en ce moment funeste [8]
De mes faibles esprits peut ranimer le reste.

---

1. Susciter la colère de. — 2. Dans l'ordre des choses. — 3. Celle de se croire détesté alors qu'il est passionnément aimé. — 4. Cœur, considéré ici comme le siège de l'ambition. — 5. Thésée ne peut laisser le trône d'Athènes au *fils de l'étrangère* (v. 202); Hippolyte sera donc roi de Trézène et le fils de Phèdre, roi d'Athènes. — 6. Athènes doit son existence à *Athéna* (Minerve). — 7. Par. — 8. Sens propre ici : allusion à la mort de Thésée.

■■

- **La politique** vient se mêler au drame de la passion. Œnone a désormais son plan : Hippolyte, roi de Trézène (v. 358); le fils aîné de Phèdre, roi d'Athènes (v. 359); l'amour de Phèdre et d'Hippolyte, peut-être leur mariage (v. 350), éviterait les conflits entre les deux fils de Thésée. Racine retrouve là un caractère de la tragédie qui plaisait au public du XVIIe siècle : cf. ses autres tragédies et celles de Corneille.

- **Les caractères**

  PHÈDRE est désormais veuve, donc libre. Elle se fait peu à peu à ce nouvel état, dans le silence où elle s'enferme après le cri du vers 325. A la fin de la scène, elle paraît avoir choisi.

■■

ACTE II

Scène première. — ARICIE, ISMÈNE.

ARICIE.   — Hippolyte demande à me voir en ce lieu?
Hippolyte me cherche, et veut me dire adieu?
Ismène, dis-tu vrai? N'es-tu point abusée?

ISMÈNE.   370 C'est le premier effet de la mort de Thésée.
Préparez-vous, Madame, à voir de tous côtés
Voler vers vous les cœurs par Thésée écartés.
Aricie à la fin [1] de son sort est maîtresse,
Et bientôt à ses pieds verra toute la Grèce.

ARICIE.   375 Ce n'est donc point, Ismène, un bruit mal affermi?
Je cesse d'être esclave, et n'ai plus d'ennemi?

ISMÈNE.   — Non, Madame, les Dieux ne vous sont plus contraires;
Et Thésée a rejoint les mânes de vos frères.

ARICIE.   — Dit-on quelle aventure [2] a terminé ses jours?

ISMÈNE.   380 On sème de sa mort d'incroyables discours [3].
On dit que, ravisseur d'une amante nouvelle,
Les flots ont englouti cet époux infidèle [4]
On dit même, et ce bruit est partout répandu,
Qu'avec Pirithoüs [5] aux enfers descendu,
385 Il a vu le Cocyte [6] et les rivages sombres,
Et s'est montré vivant aux infernales ombres;
Mais qu'il n'a pu sortir de ce triste séjour,
Et repasser les bords qu'on passe sans retour.

ARICIE.   — Croirai-je qu'un mortel, avant sa dernière heure,
390 Peut pénétrer des morts la profonde demeure?
Quel charme [7] l'attirait sur ces bords redoutés?

ISMÈNE.   — Thésée est mort, Madame, et vous seule en doutez :
Athènes en gémit, Trézène en est instruite,
Et déjà pour son roi reconnaît Hippolyte.
395 Phèdre, dans ce palais, tremblante [8] pour son fils,
De ses amis troublés demande les avis.

---

1. Enfin. — 2. Ce qui advient par hasard. — 3. Récits. — 4. La construction de la phrase serait aujourd'hui incorrecte (voir le v. 109 et la n. 8). — 5. Roi des Lapithes, qu'une amitié légendaire unissait à Thésée; selon une tradition antique, les deux héros étaient descendus aux Enfers pour enlever Perséphone que Pirithoüs voulait épouser. — 6. Fleuve d'Épire, affluent de l'Achéron et l'un des quatre fleuves des Enfers : voir la carte, p. 27. — 7. Attrait magique. — 8. Le participe ainsi employé serait invariable aujourd'hui.

ARICIE. — Et tu crois que pour moi plus humain que son père,
Hippolyte rendra ma chaîne plus légère?
Qu'il plaindra [1] mes malheurs?

ISMÈNE. — Madame, je le croi.

ARICIE. [400] L'insensible Hippolyte est-il connu de toi?
Sur quel frivole [2] espoir penses-tu qu'il me plaigne,
Et respecte en moi seule un sexe qu'il dédaigne?
Tu vois depuis quel temps il évite nos pas,
Et cherche tous les lieux où nous ne sommes pas.

ISMÈNE. [405] Je sais de ses froideurs tout ce que l'on récite [3];
Mais j'ai vu près de vous ce superbe Hippolyte;
Et même, en le voyant [4], le bruit de sa fierté [5]
A redoublé pour lui ma curiosité.
Sa présence [6] à ce bruit n'a point paru répondre :
[410] Dès vos premiers regards je l'ai vu se confondre [7].
Ses yeux, qui vainement voulaient vous éviter,
Déjà pleins de langueur, ne pouvaient vous quitter.
Le nom d'amant [8] peut-être offense son courage [9];
Mais il en a les yeux, s'il n'en a le langage.

---

1. Témoignera de la pitié pour. — 2. Aucun sens péjoratif ici : léger, sans fondement. —
3. Raconte. — 4. Quand je l'ai vu : voir le v. 109 et la n. 8. — 5. Sa réputation d'insensibilité.
— 6. Son aspect, son attitude. — 7. Demeurer interdit. — 8. Sens du XVIIᵉ s. : qui aime et
qui est aimé. — 9. Cœur.

■■

- **Le ton** de ce début de scène est tout de grâce et de fraîcheur.
  ① Étudiez le contraste avec la fin de l'acte I et avec la fin de l'acte II.

- **Le personnage d'Aricie** semble ici superficiel et un peu inconsistant.
  ② « Médiocre princesse de boudoir », dit d'elle Pierre Brisson dans
  les Deux Visages de Racine. Pourquoi cette apparente légèreté, alors
  que Racine lui a donné, dans la suite de la tragédie (acte V, scène 3,
  par exemple), de la force de caractère?

  ③ « Pour Hippolyte et Aricie, déclarait Jules Lemaître, je n'ai pas
  besoin de dire à quel point ils sont contemporains de Racine. Ils le
  sont même un peu trop vraiment. » Est-ce là votre avis?

- **La peinture de l'amour** dans les vers 410-414 :
  ④ Montrez comment elle rappelle, mais sur un autre registre, celle
  que faisait Phèdre aux vers 273-276.

■■

ARICIE.   –415 Que mon cœur, chère Ismène, écoute avidement
                Un discours qui peut-être a peu de fondement !
                Ô toi qui me connais, te semblait-il croyable
                Que le triste jouet d'un sort impitoyable,
         420   Un cœur toujours nourri d'amertume et de pleurs,
                Dût connaître l'amour et ses folles douleurs [1] ?
                Reste du sang d'un roi noble fils de la Terre [2],
                Je suis seule échappée aux fureurs de la guerre.
                J'ai perdu, dans la fleur de leur jeune saison,
                Six frères [3], quel espoir d'une illustre maison [4] !
         425   Le fer moissonna tout ; et la terre humectée
                But à regret le sang des neveux [5] d'Érechtée.
                Tu sais, depuis leur mort, quelle sévère loi
                Défend à tous les Grecs de soupirer pour moi [6] :
                On craint que de la sœur les flammes téméraires [7]
         430   Ne raniment un jour la cendre de ses frères.
                Mais tu sais bien aussi de quel œil dédaigneux
                Je regardais ce soin [8] d'un vainqueur soupçonneux.
                Tu sais que de tout temps à l'amour opposée,
                Je rendais souvent grâce à l'injuste Thésée
         435   Dont l'heureuse rigueur secondait mes mépris [9].
                Mes yeux alors, mes yeux n'avaient pas vu son fils.
                Non que par les yeux seuls lâchement enchantée [10]
                J'aime en lui sa beauté, sa grâce tant vantée,
                Présents dont la nature a voulu l'honorer,
         440   Qu'il méprise lui-même, et qu'il semble ignorer.
                J'aime, je prise en lui de plus nobles richesses,
                Les vertus de son père, et non point les faiblesses [11].
                J'aime, je l'avouerai, cet orgueil généreux [12]
                Qui jamais n'a fléchi sous le joug amoureux.
         445   Phèdre en vain s'honorait des soupirs [13] de Thésée :
                Pour moi, je suis plus fière, et fuis la gloire aisée

---

1. Langage conventionnel de la galanterie : Aricie n'a pas souffert encore de cet amour. — 2. Érechtée, petit-fils de la *Terre*, et l'un des premiers rois légendaires d'Athènes, était l'arrière grand-père de Pallas. — 3. La tradition antique donnait cinquante fils à Pallas : voir p. 41, n. 2. — 4. Famille. — 5. Le mot est pris au sens large : descendants. — 6. Langage de la galanterie. — 7. Parce que les fils qui pourraient naître de son mariage vengeraient sa famille : voir p. 43, n. 7. — 8. Souci. — 9. Pluriel précieux : mon mépris de l'amour. — 10. Céder au charme, à l'« enchantement » de ses yeux serait une faiblesse indigne, une lâcheté. — 11. Même attitude chez Hippolyte : voir les v. 83-94. — 12. De noble race (lat. *genus*). — 13 De l'amour. L'idée s'éclaire par les vers qui suivent.

D'arracher un hommage à mille autres offert,
Et d'entrer dans un cœur de toutes parts ouvert [1].
Mais de faire fléchir un courage [2] inflexible,
450 De porter la douleur [3] dans une âme insensible,
D'enchaîner un captif de ses fers étonné [4],
Contre un joug qui lui plaît vainement mutiné :
C'est là ce que je veux, c'est là ce qui m'irrite [5].
Hercule à désarmer coûtait moins qu'Hippolyte,
455 Et vaincu plus souvent, et plus tôt surmonté,
Préparait moins de gloire aux yeux qui l'ont dompté.
Mais, chère Ismène, hélas ! quelle est mon imprudence !
On [6] ne m'opposera que trop de résistance.
Tu m'entendras peut-être, humble dans mon ennui [7],
460 Gémir du même orgueil que j'admire aujourd'hui.
Hippolyte aimerait ? Par quel bonheur extrême
Aurais-je pu fléchir...

ISMÈNE. —   Vous l'entendrez lui-même :
Il vient à vous.

---

1. Image précieuse empruntée au langage militaire (Molière s'est moqué de ces métaphores à la mode dans *les Précieuses Ridicules*, sc. 9). — 2. Le cœur ici considéré comme le
siège de l'amour. — 3. Les souffrances de l'amour : voir le v. 420. — 4. Frappé de stupeur. —
5. Donne de l'ardeur, de l'impatience. — 6. L'indéfini désigne la personne aimée : ici,
Hippolyte; voir p. 77, n. 4. — 7. Tourment : image galante.

■■■

- **L'amour d'Aricie** s'exprime tantôt sur le mode mineur des seules
  impressions amoureuses (v. 435-437), tantôt sur le mode majeur de
  l'admiration et de l'estime (v. 441-442). Mais il y a aussi, entre Aricie
  et Hippolyte, une manière commune de concevoir l'amour (v. 443-448).

  ① Appréciez l'intérêt de cette invention de Racine.

- **Le langage** est celui de la galanterie précieuse.

  ② Relevez-en les métaphores, les comparaisons.

  ③ Ce langage vous paraît-il de nature à rendre moins vrais, pour nous,
  les sentiments d'Aricie?

  ④ M. René Jasinski écrit (*Histoire de la littérature française*, I, p. 443) : « De
  la tragi-comédie et de la pastorale, Racine garde l'héroïsme accompli, la
  galanterie délicate et volontiers soupirante [...]. Il baigne ses tragédies
  d'une atmosphère plus voluptueuse, plus poétique. » Commentez ce
  jugement d'après les scènes 1 et 2 de l'acte II.

■■■

SCÈNE II. — HIPPOLYTE, ARICIE, ISMÈNE.

HIPPOLYTE. —   Madame, avant que de[1] partir,
           J'ai cru de votre sort[2] vous devoir avertir.
       465 Mon père ne vit plus. Ma juste défiance
           Présageait les raisons de sa trop longue absence :
           La mort seule, bornant[3] ses travaux éclatants,
           Pouvait à l'univers le cacher si longtemps.
           Les Dieux livrent enfin à la Parque homicide
       470 L'ami, le compagnon, le successeur d'Alcide[4].
           Je crois que votre haine, épargnant ses vertus,
           Écoute sans regret ces noms qui lui sont dus[5].
           Un espoir adoucit ma tristesse mortelle :
           Je puis vous affranchir d'une austère tutelle.
       475 Je révoque les lois dont j'ai plaint[6] la rigueur :
           Vous pouvez disposer de vous, de votre cœur ;
           Et dans cette Trézène, aujourd'hui mon partage,
           De mon aïeul Pitthée[7] autrefois l'héritage,
           Qui m'a, sans balancer[8], reconnu pour son roi,
       480 Je vous laisse aussi libre, et plus libre que moi[9].

ARICIE.   — Modérez des bontés dont l'excès m'embarrasse.
           D'un soin si généreux honorer ma disgrâce[10],
           Seigneur, c'est me ranger, plus que vous ne pensez,
           Sous ces austères lois dont vous me dispensez.

HIPPOLYTE. —485 Du choix d'un successeur Athènes incertaine
           Parle de vous, me nomme, et le fils de la Reine.

ARICIE.   — De moi, Seigneur?

HIPPOLYTE. —   Je sais, sans vouloir me flatter,
           Qu'une superbe[11] loi semble me rejeter.
           La Grèce me reproche une mère étrangère.
       490 Mais si pour concurrent je n'avais que mon frère,
           Madame, j'ai sur lui de véritables droits
           Que je saurais sauver du caprice des lois[12].

---

1. Tournure habituelle au XVIIᵉ s. : avant de. — 2. Situation. Aricie était jusqu'alors considérée comme une esclave : voir le v. 376. — 3. Mettant un terme à. — 4. Hercule, petit-fils d'Alcée. — 5. Elle ne doit haïr que son persécuteur, mais non le héros. — 6. Regretté, déploré. — 7. Grand-père maternel de Thésée, roi de Trézène. — 8. Hésiter. — 9. La galanterie perce dans le jeu de mots sur *libre*. — 10. Sens propre : refus des faveurs qui lui étaient dues. — 11. Sens péjoratif ici : injuste et humiliante. — 12. Les *droits* d'Hippolyte, comparés à ceux des fils de Phèdre, sont donc d'une nature que les *lois* ne sauraient entamer.

Un frein plus légitime arrête mon audace :
Je vous cède, ou plutôt je vous rends une place,
495 Un sceptre que jadis vos aïeux ont reçu
De ce fameux mortel [1] que la Terre a conçu.
L'adoption le mit entre les mains d'Égée [2].
Athènes, par mon père accrue [3] et protégée,
Reconnut avec joie un roi si généreux,
500 Et laissa dans l'oubli vos frères malheureux.
Athènes dans ses murs maintenant vous rappelle.
Assez elle a gémi d'une longue querelle;
Assez dans ses sillons votre sang englouti [4]
A fait fumer [5] le champ dont il était sorti.
505 Trézène m'obéit. Les campagnes de Crète
Offrent au fils de Phèdre une riche retraite.
L'Attique est votre bien. Je pars, et vais pour vous
Réunir tous les vœux partagés entre nous [6].

ARICIE. — De tout ce que j'entends étonnée et confuse,
510 Je crains presque, je crains qu'un songe ne m'abuse.
Veillé-je? Puis-je croire un semblable dessein?

---

1. Érechtée, petit-fils de la Terre (voir p. 58, n. 2), roi légendaire d'Athènes. — 2. Selon certaines traditions antiques, Égée, père de Thésée, était seulement le fils adoptif de Pandion, lui-même petit-fils d'Érechtée; Pallas, père d'Aricie et des Pallantides, était son fils légitime. — 3. Développée; c'est donc par ses bienfaits que Thésée se serait fait reconnaître roi d'Athènes plutôt que les fils de Pallas : Hippolyte réhabilite son père. — 4. Allusion à la mort de ses frères, fils de l'Attique. — 5. Symbole de la colère : voir *le Cid*, v. 663. — 6. Puisqu'il se considère comme le prétendant le plus légitime, après Aricie, au trône d'Athènes.

■■

- **La succession de Thésée** occupe ici le premier plan; la politique prend le pas sur l'amour, auquel elle reste mêlée selon la tradition tragique. Remarquez l'insistance d'Hippolyte à légitimer ses prétentions au trône d'Athènes; en fait, comme Œnone avait son plan (v. 355-362), Hippolyte a le sien : en épousant Aricie, il mettrait un terme au conflit des descendants de Pallas et de ceux de Thésée. Il ne reste qu'à obtenir l'accord d'Aricie...

  ① Étudiez les vers 464-508 en montrant comment ils traduisent, chez Hippolyte, une plénitude et une sûreté qui en font bien le digne fils du héros Thésée.

  ② Le rythme de ces vers diffère de celui de la scène 1. Que vous paraît traduire cette différence?

■■

Quel Dieu, Seigneur, quel Dieu l'a mis dans votre sein?
Qu'à bon droit votre gloire en tous lieux est semée
Et que la vérité passe la renommée [1]
515 Vous-même, en ma faveur, vous voulez vous trahir?
N'était-ce pas assez de ne me point haïr,
Et d'avoir si longtemps pu défendre votre âme
De cette inimitié...

HIPPOLYTE. —   Moi, vous haïr, Madame?
Avec quelques couleurs qu'on ait peint ma fierté,
520 Croit-on que dans ses flancs un monstre m'ait porté?
Quelles sauvages [3] mœurs, quelle haine endurcie
Pourrait [4], en vous voyant [5], n'être point adoucie?
Ai-je pu résister au charme [6] décevant...

ARICIE. — Quoi? Seigneur.

HIPPOLYTE. —   Je me suis engagé trop avant.
525 Je vois que la raison cède à la violence [7].
Puisque j'ai commencé de rompre le silence,
Madame, il faut poursuivre : il faut vous informer
D'un secret que mon cœur ne peut plus renfermer.
Vous voyez devant vous un prince déplorable [8],
530 D'un téméraire [9] orgueil exemple mémorable.
Moi qui, contre l'amour fièrement révolté,
Aux fers de ses captifs [10] ai longtemps insulté;
Qui des faibles mortels déplorant les naufrages,
Pensais toujours du bord contempler les orages;
535 Asservi [11] maintenant sous la commune loi,
Par quel trouble me vois-je emporté loin de moi?
Un moment a vaincu mon audace imprudente :
Cette âme si superbe est enfin [12] dépendante.
Depuis près de six mois, honteux, désespéré,
540 Portant partout le trait dont je suis déchiré,
Contre vous, contre moi, vainement je m'éprouve [13] :
Présente, je vous fuis; absente, je vous trouve;
Dans le fond des forêts votre image me suit;

---

1. La joie d'Aricie, son admiration pour Hippolyte rappellent le ton de la scène précédente : v. 437-442. — 2. Aller contre vos intérêts. — 3. Sans valeur péjorative, comme au v. 129 : voir p. 44, n. 10. — 4. Le verbe s'accorde avec le sujet le plus rapproché. — 5. Lorsqu'on vous voit. — 6. Sens fort; enchantement magique; l'épithète rappelle les souffrances de l'amour. — 7. Celle de la passion. — 8. Dont le sort mérite des *pleurs*. — 9. Trop hardi; même idée au v. 537. — 10. Ceux que l'amour tient prisonniers : style galant. — 11. Sens fort : réduit en esclavage. — 12. A la fin. — 13. Je me mets à l'*épreuve*, pour vaincre mon amour.

La lumière du jour, les ombres de la nuit,
545 Tout retrace à mes yeux les charmes que j'évite :
Tout vous livre à l'envi le rebelle Hippolyte.
Moi-même, pour tout fruit de mes soins superflus,
Maintenant je me cherche, et ne me trouve plus.
Mon arc, mes javelots, mon char, tout m'importune[1] ;
550 Je ne me souviens plus des leçons de Neptune[2] ;
Mes seuls gémissements font retentir les bois,
Et mes coursiers oisifs[3] ont oublié ma voix.

    Peut-être le récit d'un amour si sauvage
Vous fait, en m'écoutant, rougir de votre ouvrage[4].
555 D'un cœur qui s'offre à vous quel farouche entretien !
Quel étrange captif pour un si beau lien !
Mais l'offrande à vos yeux en doit être plus chère.
Songez que je vous parle une langue étrangère[5],
Et ne rejetez pas des vœux mal exprimés,
560 Qu'Hippolyte sans vous n'aurait jamais formés[6].

---

1. Voir les v. 159-161. — 2. Dieu de l'équitation : voir p. 44, n. 11. — 3. Puisqu'il ne les fait plus courir. — 4. Ces vers et ceux qui suivent s'adressent, par-dessus la rampe, aux mondains que pouvait étonner un amour dont l'expression est si éloignée des galanteries de salon. — 5. Parce qu'il ne l'a jamais parlée ; il en connaît pourtant bien des finesses. — 6. La déclaration se termine par une pointe.

▪▪

● **Le mouvement de la scène** met en lumière la transformation qui s'opère dans les rapports entre Hippolyte et Aricie : celle-ci est d'abord l'esclave qu'il libère ; puis la future reine dont il reconnaît le pouvoir : enfin la femme aimée à qui il déclare son amour.

● **La peinture de l'amour** — Les trois principaux personnages viennent de décrire leurs sentiments : Phèdre (I, 3) ; Aricie (II, 1) ; Hippolyte (II, 2).

① Relevez les traits communs de cette peinture, et ce qui différencie cependant les trois héros amoureux.

② Discutez le jugement que porte sur Hippolyte M. Paul Bénichou (*Morales du Grand Siècle*, p. 137, en note) : « Il y a un autre personnage pour qui l'amour est aussi un sujet d'anxiété et qui ne s'y livre qu'avec remords [...] C'est comme un double affaibli de Phèdre qui ne contribue pas peu à créer cette atmosphère de remords, de désaveu de soi, qui est celle de toute la pièce. »

▪▪

SCÈNE III

HIPPOLYTE, ARICIE, THÉRAMÈNE, ISMÈNE.

THÉRAMÈNE. — Seigneur, la Reine vient, et je l'ai devancée.
Elle vous cherche.

HIPPOLYTE. — Moi [1] ?

THÉRAMÈNE. — J'ignore sa pensée.
Mais on vous est venu demander de sa part.
Phèdre veut vous parler avant votre départ.

HIPPOLYTE. — 565 Phèdre? Que lui dirai-je? Et que peut-elle attendre [2]...

ARICIE. — Seigneur, vous ne pouvez refuser de l'entendre.
Quoique trop convaincu de son inimitié,
Vous devez à ses pleurs quelque ombre de pitié.

HIPPOLYTE. — Cependant [3] vous sortez. Et je pars. Et j'ignore
570 Si je n'offense point les charmes que j'adore [4].
J'ignore si ce cœur que je laisse en vos mains...

ARICIE. — Partez, Prince, et suivez vos généreux desseins [5].
Rendez de mon pouvoir Athènes tributaire [6].
J'accepte tous les dons que vous me voulez faire.
575 Mais cet Empire enfin si grand, si glorieux,
N'est pas de vos présents le plus cher à mes yeux [7].

SCÈNE IV. — HIPPOLYTE, THÉRAMÈNE.

HIPPOLYTE. — Ami, tout est-il prêt? Mais la Reine s'avance.
Va, que pour le départ tout s'arme [8] en diligence.
Fais donner le signal, cours, ordonne, et revien [9]
580 Me délivrer bientôt d'un fâcheux [10] entretien.

---

1. L'étonnement d'Hippolyte témoigne de son trouble après cette scène de déclaration brusquement interrompue; il est pourtant bien naturel que la veuve de Thésée veuille lui parler. — 2. Les préoccupations politiques reprennent un instant le dessus : Hippolyte songe aux prétentions de Phèdre pour son fils. — 3. *Pendant ce* temps. — 4. Le style de la galanterie reparaît; mais Aricie, plus réaliste, sait qu'il faut faire vite. — 5. Voir les v. 511-514. — 6. Sens général : soumise à *mon pouvoir*. — 7. Tout pudique qu'il est, cet aveu est une réponse directe au v. 557. — 8. Se prépare. — 9. Remarquer l'abondance des verbes de mouvement : ces deux scènes sont extrêmement rapides. — 10. Qui vient mal à propos.

PHÈDRE. — *Et Phèdre au Labyrinthe avec vous descendue...* (II, 5, v. 661)
HIPPOLYTE (André Falcon), PHÈDRE (Véra Korène)
Comédie-Française 1954

SCÈNE V. — PHÈDRE, HIPPOLYTE, ŒNONE.

PHÈDRE.   — Le voici[1]. Vers mon cœur tout mon sang se retire.
        J'oublie, en le voyant, ce que je viens lui dire.

ŒNONE.   — Souvenez-vous d'un fils[2] qui n'espère qu'en vous.

PHÈDRE.   — On dit qu'un prompt départ vous éloigne de nous,
585   Seigneur. A vos douleurs je viens joindre mes larmes[3].
        Je vous viens pour un fils expliquer mes alarmes.
        Mon fils n'a plus de père; et le jour n'est pas loin
        Qui de ma mort encor[4] doit le rendre témoin.
590   Déjà mille ennemis attaquent son enfance;
        Vous seul pouvez contre eux embrasser sa défense.
        Mais un secret remords agite mes esprits.
        Je crains d'avoir fermé votre oreille à ses cris.
        Je tremble que sur lui votre juste colère
        Ne poursuive bientôt une odieuse[5] mère.

HIPPOLYTE. -595 Madame, je n'ai point des sentiments si bas.

PHÈDRE.   — Quand vous me haïriez, je ne m'en plaindrais pas[6],
        Seigneur. Vous m'avez vue attachée à vous nuire;
        Dans le fond de mon cœur vous ne pouviez pas lire.
        A votre inimitié j'ai pris soin de m'offrir.
600   Aux bords que[7] j'habitais je n'ai pu vous souffrir.
        En public, en secret contre vous déclarée[8],
        J'ai voulu par les mers en être séparée;
        J'ai même défendu, par une expresse loi,
        Qu'on osât prononcer votre nom devant moi[9].
605   Si pourtant à l'offense on mesure la peine,
        Si la haine peut seule attirer votre haine,
        Jamais femme ne fut plus digne de pitié,
        Et moins digne, Seigneur, de votre inimitié.

---

1. Ces deux vers s'adressent à la seule Œnone. — 2. En détournant la pensée de Phèdre de son amour coupable, Œnone ne cherche qu'à vaincre sa résistance (voir les v. 357 et suiv.). — 3. Simple formule de politesse. — 4. Aussi. — 5. Digne de haine. — 6. La haine, chez Racine, est plus proche de l'amour que l'indifférence : cf. *Andromaque*, v. 540. — 7. Sur les rivages où. Il s'agit d'Athènes : v. 40, 295-296. — 8. Ayant pris ouvertement parti. — 9. Phèdre avoue à Hippolyte plus de « cruautés » qu'elle n'en avait avoué à Œnone.

HIPPOLYTE. — Du droit de ses enfants une mère jalouse
610 Pardonne rarement au fils d'une autre épouse.
Madame, je le sais. Les soupçons importuns [1]
Sont d'un second hymen les fruits les plus communs.
Toute autre aurait pour moi pris les mêmes ombrages [2],
Et j'en aurais peut-être essuyé plus d'outrages.

PHÈDRE. 615 Ah! Seigneur, que le Ciel, j'ose ici l'attester,
De cette loi commune a voulu m'excepter!
Qu'un soin [3] bien différent me trouble [4] et me dévore!

HIPPOLYTE. — Madame, il n'est pas temps de vous troubler encore.
Peut-être votre époux voit encore le jour;
620 Le Ciel peut à nos pleurs accorder son retour.
Neptune le protège [5], et ce Dieu tutélaire
Ne sera pas en vain imploré par mon père.

PHÈDRE. — On ne voit point deux fois le rivage des morts,
Seigneur. Puisque Thésée a vu les sombres bords,
625 En vain vous espérez qu'un Dieu vous le renvoie [6];
Et l'avare [7] Achéron ne lâche point sa proie.
Que dis-je? Il n'est point mort, puisqu'il respire en vous.
Toujours devant mes yeux je crois voir mon époux.
Je le vois, je lui parle, et mon cœur... Je m'égare,
630 Seigneur; ma folle ardeur [8] malgré moi se déclare.

---

1. Qui pèsent de façon continue. — 2. Jalousie, inquiétude; l'expression n'est demeurée qu'au singulier. — 3. Souci. Demi-aveu qu'Hippolyte prend pour du désespoir après la mort de Thésée. — 4. Sens fort : me tourmente. — 5. Une autre légende grecque faisait même de Thésée le fils de Poséidon (*Neptune*). — 6. Quelle hâte à détromper Hippolyte! Elle se rassure en réalité elle-même. — 7. L'épithète est dans Virgile : *Géorgiques*, II, 492; Sénèque exprime la même idée par l'adjectif *tenax*. — 8. Amour déraisonnable.

● **La lenteur de ce début** est mise en valeur par la rapidité des vers qui précédaient (v. 577-580). Elle traduit la souffrance de Phèdre, poussée par sa passion et retenue par la honte.

① Montrez comment les paroles de Phèdre expriment cette gêne.

Hippolyte, dans sa pureté, est si loin de songer à un tel amour qu'il ne devine rien derrière les demi-aveux de la Reine.

② « Le quiproquo agit comme un véritable révélateur de sentiments ». Commentez cette remarque de Jacques Scherer (*la Dramaturgie classique*, p. 82) en prenant vos exemples dans la scène 5 de l'acte II.

HIPPOLYTE. — Je vois de votre amour l'effet prodigieux [1].
Tout mort qu'il est, Thésée est présent à vos yeux ;
Toujours de son amour votre âme est embrasée.

PHÈDRE. — Oui, Prince [2], je languis [3], je brûle pour Thésée.
635 Je l'aime [4], non point tel que l'ont vu les enfers,
Volage adorateur de mille objets [5] divers,
Qui va du Dieu des morts déshonorer la couche [6] ;
Mais fidèle, mais fier, et même un peu farouche [7],
Charmant, jeune, traînant tous les cœurs après soi,
640 Tel qu'on dépeint nos Dieux, ou tel que je vous voi [8].
Il avait votre port, vos yeux, votre langage,
Cette [9] noble pudeur colorait son visage
Lorsque de notre Crète il traversa les flots,
Digne sujet des vœux des filles de Minos [10].
645 Que faisiez-vous alors ? Pourquoi, sans Hippolyte,
Des héros de la Grèce assembla-t-il l'élite ?
Pourquoi, trop jeune encor, ne pûtes-vous alors
Entrer dans le vaisseau qui le mit sur nos bords ?
Par vous aurait péri le monstre de la Crète [11],
650 Malgré tous les détours de sa vaste retraite [12].
Pour en développer [13] l'embarras incertain,
Ma sœur du fil fatal [14] eût armé votre main.
Mais non, dans ce dessein je l'aurais devancée :
L'amour m'en eût d'abord [15] inspiré la pensée.
655 C'est moi, Prince, c'est moi dont l'utile secours
Vous eût du Labyrinthe enseigné les détours.
Que de soins [16] m'eût coûtés cette tête charmante [17] !
Un fil n'eût point assez rassuré votre amante [18].
Compagne du péril qu'il vous fallait chercher [19],
660 Moi-même devant vous j'aurais voulu marcher ;

---

1. Qui tient du prodige, du miracle. — 2. Phèdre jusqu'ici appelait Hippolyte *Seigneur* ; elle lui donne, à partir de ce vers, le titre de *Prince*. — 3. Je souffre d'amour. — 4. Le verbe éclate en tête du vers : Phèdre libère son cœur. — 5. Personnes aimées : tournure poétique du XVIIe s. — 6. Il devait aider Pirithoüs à enlever Proserpine, épouse d'Hadès. — 7. Ce sont les mots même qui désignaient Hippolyte : *ce fier ennemi* (v. 203). — 8. Elle en avait fait l'aveu à Œnone au v. 290. — 9. Valeur possessive du démonstratif : votre *pudeur*. — 10. Ariane et Phèdre, successivement aimées par Thésée. — 11. Le Minotaure : voir p. 42, n. 7. — 12. Refuge : il s'agit du Labyrinthe qui ne sera nommé qu'au v. 656. — 13. Débrouiller. — 14. Le fil d'Ariane, qui devait permettre à Thésée de ressortir du Labyrinthe, commandait donc son sort. — 15. Tout de suite. — 16. Au pluriel, le sens se rapproche du sens moderne. — 17. Expression pleine à la fois de force et de tendresse. — 18. Celle qui aime et qui est aimée. — 19. C'est pour tuer le Minotaure que Thésée était venu en Crète.

reconstruit l'histoire

>   Et Phèdre au Labyrinthe avec vous descendue
>   Se serait avec vous retrouvée, ou perdue [1].

HIPPOLYTE. — Dieux! qu'est-ce que j'entends? Madame, oubliez-vous
            Que Thésée est [2] mon père, et qu'il est votre époux?

PHÈDRE.   —665 Et sur quoi jugez-vous que j'en perds la mémoire,
            Prince? Aurais-je perdu tout le soin de ma gloire [3]?

HIPPOLYTE. — Madame, pardonnez [4]. J'avoue, en rougissant,
            Que j'accusais à tort un discours innocent.
            Ma honte ne peut plus soutenir votre vue;
          670 Et je vais...

---

1. *Perdue* dans le Labyrinthe, mais aussi *perdue* moralement : Phèdre cède au vertige de son amour. — 2. Remarquer le présent : l'incertitude d'Hippolyte à propos de Thésée (v. 619) rend plus odieux à ses yeux l'aveu de Phèdre, mais c'est aussi pour lui une défense. — 3. Le mot est cornélien (de même celui d'Aricie, v. 1385). — 4. La brièveté de l'expression traduit ici la confusion d'Hippolyte.

■■

- **L'intensité de la scène** ne cesse de croître : Phèdre a vite abandonné le ton officiel des premiers vers (584-589); déjà le rappel de son attitude à l'égard d'Hippolyte était rempli de dangereux frémissements (v. 596, 607-608); enfin elle s'est laissée emporter par le souvenir de Thésée jeune, jusqu'au cri du vers 635.

  ① Étudiez dans le détail cette progression.

- **L'aveu de Phèdre** est un chef d'œuvre d'habileté et de perfidie : la confusion entre Hippolyte et Thésée, entre Ariane et elle-même lui permet une expression de plus en plus directe de son amour coupable.

  ② Dans quelle mesure cette confusion entre le père et le fils vous paraît-elle voulue, ou du moins acceptée par Phèdre?

  ③ Montrez comment les élans de passion (v. 655), les mots de tendresse (v. 657), les sonorités caressantes (v, 661-62) témoignent de la hardiesse de Racine dans la peinture des puissances de séduction que déploie Phèdre.

- **Le rôle de l'imagination** — Phèdre revit un épisode dans lequel tout est idéalisé : la personne d'Hippolyte, sa propre attitude, son amour. Le vers 666 ne traduit-il pas un brusque retour à la réalité?

  ④ Relisez à ce propos ce que dit Pascal (*Pensées*, éd. Brunschvicg, II, 82) de l'imagination : « Elle a ses heureux, ses malheureux, ses sains, ses malades, ses riches, ses pauvres; elle fait croire, douter, nier la raison; elle suspend les sens, elle les fait sentir; elle a ses fous et ses sages; et rien ne nous dépite davantage que de voir qu'elle remplit ses hôtes d'une satisfaction bien autrement pleine et entière que la raison. » *Pensées* de Pascal, éd. Bordas, page 53.

■■

PHÈDRE. — Ah! cruel, tu[1] m'as trop entendue[2].
Je t'en ai dit assez pour te tirer d'erreur.
Hé bien! connais donc Phèdre et toute sa fureur[3].
J'aime. Ne pense pas qu'au moment que je t'aime,
Innocente à mes yeux, je m'approuve moi-même;
675 Ni que du fol amour qui trouble ma raison
Ma lâche complaisance ait nourri le poison.
Objet infortuné des vengeances célestes,
Je m'abhorre[4] encor plus que tu ne me détestes.
Les Dieux m'en sont témoins, ces Dieux qui dans mon
[flanc
680 Ont allumé le feu fatal à tout mon sang[5];
Ces Dieux qui se sont fait une gloire cruelle
De séduire[6] le cœur d'une faible mortelle.
Toi-même en ton esprit rappelle le passé.
C'est peu de t'avoir fui, cruel, je t'ai chassé.
685 J'ai voulu te paraître odieuse[7] inhumaine;
Pour mieux te résister, j'ai recherché ta haine.
De quoi m'ont profité mes inutiles soins[8]?
Tu me haïssais plus, je ne t'aimais pas moins.
Tes malheurs te prêtaient encor de nouveaux charmes[9].
690 J'ai langui, j'ai séché[10], dans les feux, dans les larmes.
Il suffit de tes yeux pour t'en persuader[11],
Si tes yeux un moment pouvaient me regarder.
Que dis-je? Cet aveu que je te viens de faire,
Cet aveu si honteux[12], le crois-tu volontaire?
695 Tremblante[13] pour un fils que je n'osais trahir,
Je te venais prier de ne le point haïr.
Faibles[14] projets d'un cœur trop plein de ce qu'il aime!
Hélas! je ne t'ai pu parler que de toi-même.

---

1. Remarquer le changement de personne : procédé habituel chez les tragiques. — **2.** Comprise : le sursaut de dignité est oublié. — **3.** Amour déraisonnable : voir le v. 259 et la n. 16; plus loin (v. 675) ce sera le *fol amour.* — **4.** J'éprouve de l'*horreur* pour moi-même. — **5.** Nouvelle allusion au destin tragique de sa famille : voir les v. 249-258. — **6.** Sens étymologique : égarer. — **7.** Digne de haine : voir le vers suivant. — **8.** Sens fort : tentatives, efforts. — **9.** Puissance de séduction. — **10.** Le verbe renchérit sur *languir.* Il n'appartient pas au langage noble, mais Bossuet *(Oraison funèbre de Madame)* l'avait déjà emprunté à la Bible : « battu comme l'herbe, mon cœur *sèche* » (Psaume 102). — **11.** Marquer un temps dans la lecture; hardiesse de l'ellipse : il suffirait du moins *si...* — **12.** Qui me couvre de *honte.* — **13.** Même emploi du participe au v. 395. — **14.** Mal assurés.

Venge-toi, punis-moi d'un odieux [1] amour.
700 Digne fils du héros [2] qui t'a donné le jour,
Délivre l'univers d'un monstre qui t'irrite.
La veuve de Thésée ose aimer Hippolyte !
Crois-moi, ce monstre affreux ne doit point t'échapper.
Voilà mon cœur. C'est là que ta main doit frapper.
705 Impatient déjà d'expier son offense [3],
Au devant de ton bras je le sens qui s'avance.
Frappe. Ou si tu le crois indigne de tes coups,
Si ta haine m'envie [4] un supplice si doux,
Ou si d'un sang trop vil ta main serait trempée [5],
710 Au défaut de ton bras prête-moi ton épée.
Donne [6].

ŒNONE. —   Que faites-vous, Madame ? Justes Dieux !
Mais on vient. Évitez des témoins odieux ;
Venez, rentrez, fuyez une honte certaine.

---

1. Qui suscite ta haine. — 2. C'est le demi-dieu des Grecs. Comme Héraclès, Thésée avait purgé la terre de ses brigands et de ses monstres : voir les v. 75-82. — 3. L'*offense* qu'il t'a faite. — 4. Ne m'accorde pas. — 5. Nouvelle ellipse : si tu crois que... — 6. Hippolyte est resté immobile, comme pétrifié (v. 785), et Phèdre lui arrache son épée.

• •

• **Phèdre est hors d'elle-même :** Racine a tout mis en œuvre pour traduire ce déchaînement de passion.

① Étudiez en particulier : la violence des termes (v. 678, 685, etc.), l'abondance verbale, le rythme des vers (v. 673, 693, etc.), la hardiesse d'un style que Phèdre paraît ne plus contrôler (v. 690, 692, etc.).

• **Mais elle songe encore à se défendre** comme une victime de la cruauté des dieux (v. 673 et suiv.).

② N'avoue-t-elle pas pourtant sa faiblesse (v. 697-698), mal déguisée derrière le prétexte de la défense de son fils ?

③ Pour Lucien Goldmann (*Le Dieu caché*, p. 432 et suiv.), l'illusion de Phèdre est de croire que le monde pourrait obéir à d'autres lois et qu'elle pourrait aimer « sans faute et sans renoncement » un Hippolyte, « être pur et sans faiblesse ». L'auteur ajoute : « C'est précisément le paradoxe tragique, incompréhensible aux personnages du monde, à Hippolyte et à Thésée », et Phèdre mourrait de découvrir le caractère illusoire de ce rêve. Que pensez-vous de cette explication ?

• •

SCÈNE VI. — HIPPOLYTE, THÉRAMÈNE

THÉRAMÈNE. — Est-ce Phèdre qui fuit, ou plutôt qu'on entraîne ?
715 Pourquoi, Seigneur, pourquoi [1] ces marques de douleur ?
Je vous vois sans épée [2], interdit, sans couleur ?

HIPPOLYTE. — Théramène, fuyons. Ma surprise est extrême.
Je ne puis sans horreur me regarder moi-même.
Phèdre [3]... Mais non, grands Dieux ! qu'en un profond oubli
720 Cet horrible secret demeure enseveli.

THÉRAMÈNE. — Si vous voulez partir, la voile est préparée.
Mais Athènes, Seigneur, s'est déjà déclarée [4].
Ses chefs ont pris les voix de toutes ses tribus [5].
Votre frère [6] l'emporte, et Phèdre a le dessus.

HIPPOLYTE. 725 Phèdre ?

THÉRAMÈNE.   Un héraut chargé des volontés d'Athènes
De l'État en ses mains vient remettre les rênes.
Son fils est roi, Seigneur.

HIPPOLYTE. —   Dieux, qui la connaissez,
Est-ce donc sa vertu [7] que vous récompensez ?

THÉRAMÈNE. — Cependant un bruit sourd veut que le Roi respire.
730 On prétend que Thésée a paru dans l'Épire.
Mais moi qui l'y cherchai, Seigneur, je sais trop bien [8]...

HIPPOLYTE. — N'importe, écoutons tout, et ne négligeons rien.
Examinons ce bruit, remontons à sa source.
S'il ne mérite pas d'interrompre ma course [9],
735 Partons ; et quelque prix qu'il en puisse coûter,
Mettons le sceptre aux mains dignes de le porter [10].

---

1. La répétition marque l'émotion et l'étonnement de Théramène qui retrouve Hippolyte bouleversé. — 2. Voir p. 71, n. 6. — 3. Encore sous le coup de la scène qu'il vient de vivre, Hippolyte va la raconter à son confident ; mais la honte l'arrête. — 4. A pris parti. — 5. Le mot convient à la Grèce archaïque où le peuple était divisé en *tribus*. — 6. Le fils de Phèdre : voir p. 48, n. 3, et le v. 343 ; il n'est, en fait, que le demi-*frère* d'Hippolyte. — 7. L'ironie traduit la colère d'Hippolyte. — 8. Théramène serait prêt à reprendre son récit, comme à l'acte I, sc. 1 ; mais l'heure n'est plus aux bavardages. — 9. D'empêcher mon départ. — 10. C'est-à-dire *aux mains* d'Aricie : voir les v. 507-508.

● **L'acte s'achève en fuite**

① Analysez ce qui traduit la précipitation des uns et des autres : Œnone et Phèdre (v. 711-712), Hippolyte (v. 717-735). L'intensité de la scène 5 se prolonge ainsi par une accélération du mouvement dramatique.

● **Le bruit du retour de Thésée** prépare la suite de l'action. Pourquoi survient-il en cette fin d'acte?

② « Toutes les scènes doivent être dynamiques, mais les dernières de chaque acte doivent l'être encore plus, pour permettre de franchir le temps mort de l'entr'acte [...] Le spectateur, loin de considérer qu'un problème est réglé, ne peut que se demander quel sera le prochain problème. » (Jacques Scherer, *la Dramaturgie classique*, p. 206.)

● **La violence des sentiments** n'a cessé de croître depuis le début de la scène 5.

③ Remarquez l'abondance des termes comme *haine, odieux, horreur, horrible*. Vous les recenserez et vous montrerez comment Racine semble vouloir briser son héroïne sous les coups de sa passion.

● **Mais la grandeur tragique demeure :** les véritables auteurs du drame sont les dieux.

④ Montrez qu'il ne s'agit pas là d'une simple concession de Racine à la tradition antique.

⑤ Étudiez les différences de ton et de rythme entre le début et la fin de l'acte II.

⑥ « Phèdre ne commet pas volontairement les crimes dont elle est punie; c'est un pouvoir divin auquel une mortelle ne saurait résister dans le système du paganisme, qui la force d'être incestueuse et perfide. Après ce que Phèdre et sa confidente disent dès le premier acte sur la haine de Vénus contre la postérité de Pasiphaé, et sur la vengeance de cette déesse, qui détermine notre princesse infortunée à tout le mal qu'elle fait, ses crimes ne paraissent plus être ses crimes que parce qu'elle en reçoit la punition. La haine en tombe sur Vénus. Phèdre, plus malheureuse qu'elle ne devait l'être, est un véritable personnage de tragédie » (Abbé Du Bos, *Réflexions critiques sur la poésie et sur la peinture*, 1719).

ACTE III

SCÈNE PREMIÈRE. — PHÈDRE, ŒNONE.

PHÈDRE. — Ah! que l'on porte ailleurs les honneurs qu'on m'en-
[voie [1].

Importune, peux-tu souhaiter qu'on me voie?
De quoi viens-tu flatter [2] mon esprit désolé?
740 Cache-moi bien plutôt : je n'ai que trop parlé.
Mes fureurs [3] au dehors ont osé se répandre.
J'ai dit ce que jamais on ne devait [4] entendre.
Ciel! comme il [5] m'écoutait! Par combien de détours
L'insensible a longtemps éludé mes discours!
745 Comme il ne respirait [6] qu'une retraite prompte!
Et combien sa rougeur a redoublé ma honte!
Pourquoi détournais-tu mon funeste dessein [7]?
Hélas! quand son épée allait chercher mon sein,
A-t-il pâli pour moi? me l'a-t-il arrachée?
750 Il suffit que ma main l'ait une fois touchée,
Je l'ai rendue horrible [8] à ses yeux inhumains;
Et ce fer malheureux profanerait ses mains [9].

ŒNONE. — Ainsi, dans vos malheurs ne songeant qu'à vous plaindre,
Vous nourrissez un feu qu'il vous faudrait éteindre.
755 Ne vaudrait-il pas mieux, digne sang de Minos,
Dans de plus nobles [10] soins chercher votre repos,
Contre un ingrat qui plaît [11] recourir à la fuite,
Régner [12], et de l'État embrasser la conduite?

PHÈDRE. — Moi, régner! Moi, ranger un État sous ma loi,
760 Quand ma faible raison ne règne plus sur moi!

---

1. Le héraut venu d'Athènes (v. 725) a sans doute chargé Œnone de saluer en son nom la mère du nouveau roi, la régente vraisemblablement. — 2. Tromper par des louanges illusoires. — 3. Ma folle passion. — 4. Sens conditionnel : on n'aurait dû. — 5. Phèdre n'a pas besoin de nommer Hippolyte, tant il est présent à son esprit. — 6. Souhaitait avec ardeur. — 7. Sa tentative de se donner la mort avec l'épée d'Hippolyte : voir les v. 710-711. — 8. Digne d'*horreur*. — 9. Comme s'il attentait à sa pureté. — 10. L'ambition devrait l'emporter sur l'amour dans le monde des héros. — 11. Langage de la galanterie. — 12. Force du mot, isolé en tête du vers.

Lorsque j'ai de mes sens abandonné l'empire!
Quand sous un joug honteux à peine je respire!
Quand je me meurs!

ŒNONE. —   Fuyez.

PHÈDRE. —   Je ne le puis quitter.

ŒNONE. — Vous l'osâtes bannir, vous n'osez l'éviter.

PHÈDRE. —765 Il n'est plus temps. Il sait mes ardeurs insensées.
De l'austère [1] pudeur les bornes sont passées.
J'ai déclaré ma honte aux yeux de mon vainqueur [2].
Et l'espoir, malgré moi, s'est glissé dans mon cœur [3].
Toi-même, rappelant ma force défaillante,
770 Et mon âme [4] déjà sur mes lèvres errante,
Par tes conseils flatteurs tu m'as su ranimer.
Tu m'as fait entrevoir que je pouvais l'aimer.

ŒNONE. — Hélas! de vos malheurs innocente ou coupable [5],
De quoi pour vous sauver n'étais-je point capable?
775 Mais si jamais l'offense irrita vos esprits,
Pouvez-vous d'un superbe oublier les mépris [6]?
Avec quels yeux cruels sa rigueur obstinée
Vous laissait à ses pieds peu s'en faut prosternée!
Que son farouche orgueil le rendait odieux [7]!
780 Que [8] Phèdre en ce moment n'avait-elle mes yeux?

---

1. Sévère. — 2. Langage de la galanterie. — 3. Phèdre se sent doublement coupable : elle a révélé son amour et elle en espère la réalisation. — 4. Souffle de vie : lat. *anima*. — 5. Œnone ne veut pas juger : elle n'est que dévouement. — 6. Le refus d'Hippolyte apparaît à Œnone plus déshonorant pour Phèdre que l'aveu d'amour où elle s'est abandonnée. — 7. Sens fort : digne de haine; c'est le dilemme racinien : aimer ou haïr. — 8. Pourquoi.

●●●

● **Phèdre hésite encore,** bouleversée par la terrible scène avec Hippolyte.

① Étudiez avec quelle lucidité elle s'analyse elle-même : blessée par l'indifférence d'un homme à qui elle déclarait son amour, honteuse de s'être exposée à ce refus, mais toujours impuissante à lutter contre sa passion (au v. 763, sur quel ton elle répond au *Fuyez* d'Œnone!) et acharnée à rejeter sa culpabilité sur sa nourrice (v. 769-772).

Dans son trouble, elle reste encore incertaine sur le parti à prendre.

② Les vers 742 à 749 semblent montrer que Phèdre est restée parfaitement consciente durant toute la scène 5 de l'acte II. Qu'est-ce que cela vous paraît révéler de son caractère?

●●●

PHÈDRE. — Œnone, il peut quitter cet orgueil qui te blesse [1].
Nourri dans les forêts, il en a la rudesse [2].
Hippolyte, endurci par de sauvages lois,
Entend parler d'amour pour la première fois.
785 Peut-être sa surprise a causé son silence;
Et nos plaintes peut-être [3] ont trop de violence.

ŒNONE. Songez qu'une barbare [4] en son sein l'a formé.

PHÈDRE. Quoique Scythe et barbare, elle a pourtant aimé.

ŒNONE. — Il a pour tout le sexe [5] une haine fatale.

PHÈDRE. 790 Je ne me verrai point préférer de rivale.
Enfin tous tes conseils ne sont plus de saison.
Sers ma fureur, Œnone, et non point ma raison [6].
Il oppose à l'amour un cœur inaccessible :
Cherchons pour l'attaquer quelque endroit plus sensible.
795 Les charmes d'un empire ont paru le toucher;
Athènes l'attirait, il n'a pu s'en cacher;
Déjà de ses vaisseaux la pointe était tournée [7],
Et la voile flottait aux vents abandonnée.
Va trouver de ma part ce jeune ambitieux,
800 Œnone; fais briller la couronne à ses yeux [8].
Qu'il mette sur son front le sacré diadème;
Je ne veux que l'honneur de l'attacher moi-même.
Cédons-lui ce pouvoir que je ne puis garder.
Il instruira mon fils dans l'art de commander;
805 Peut-être il voudra bien lui tenir lieu de père.
Je mets sous son pouvoir et le fils et la mère.
Pour le fléchir enfin tente tous les moyens :
Tes discours trouveront plus d'accès que les miens.
Presse, pleure, gémis; plains-lui [9] Phèdre mourante;
810 Ne rougis point de prendre une voix suppliante.
Je t'avouerai de tout; je n'espère qu'en toi.
Va : j'attends ton retour pour disposer de moi.

---

1. Comme si elle-même oubliait sa blessure. — 2. Allusion à l'Hippolyte dompteur de chevaux d'Euripide. — 3. Répétition expressive de l'adverbe : Phèdre se berce d'illusions. — 4. L'Amazone Antiope, sa mère. — 5. Mot habituel au XVIIᵉ s. pour désigner les femmes. — 6. L'opposition des deux mots a toute sa force ici. — 7. La proue *était tournée* en direction d'Athènes. — 8. Retour momentané à la tragédie politique : il s'agit de *la couronne* du roi d'Athènes. — 9. C'est le texte de 1697 qui signifie : exprime devant lui tes plaintes sur... Les éditions précédentes portent : *peins-lui*. Selon Raymond Picard (Pléiade, p. 1172), *Peins* « est très satisfaisant » et *Plains* « qui présente un sens, mais avec un tour pénible et embarrassé », serait « une faute d'impression ».

SCÈNE II. — PHÈDRE, *seule.*

PHÈDRE. — Ô toi, qui vois la honte où je suis descendue,
Implacable Vénus, suis-je assez confondue [1]?
815 Tu ne saurais plus loin pousser ta cruauté.
Ton triomphe est parfait [2]; tous tes traits ont porté.
Cruelle, si tu veux une gloire nouvelle,
Attaque un ennemi qui te soit plus rebelle.
Hippolyte te fuit, et bravant ton courroux,
820 Jamais à tes autels n'a fléchi les genoux [3].
Ton nom semble offenser ses superbes oreilles.
Déesse, venge-toi : nos causes sont pareilles.
Qu'il aime... Mais déjà tu reviens sur tes pas,
Œnone? On [4] me déteste, on ne t'écoute pas.

[marginalia: invocation de Vénus — fait complice de Vénus]

---

1. Couverte de honte. — 2. Accompli. — 3. Souvenir d'Euripide : Aphrodite (*Vénus,* v. 814) se vengeait d'Hippolyte parce que celui-ci refusait d'apporter ses hommages à son autel. — 4. L'indéfini désigne l'être aimé dans le langage de la galanterie; voir p. 59, n. 6.

━━

● **Phèdre a choisi** — A partir du vers 781, elle se met à défendre Hippolyte; elle lui cherche des excuses, elle répond avec violence à Œnone qui flattait sa haine contre lui.

① Montrez comment ce changement d'attitude de Phèdre a été provoqué par la perspective du départ d'Hippolyte pour Athènes (v. 755-764).

● **Phèdre et Œnone** — Le ton de Phèdre se fait dur à l'égard de sa nourrice (v. 791-792) : elle se retrouve un instant volontaire et impérieuse; mais c'est pour laisser aussitôt à Œnone la liberté d'agir à sa guise (v. 807-811).

② Montrez comment cette contradiction s'explique par le désir de Phèdre : éveiller, chez Hippolyte, l'ambition et la pitié.

● **La prière à Vénus** (III, 2) — Phèdre est réduite à demander l'aide de la déesse qui la persécute, et qu'elle maudissait à l'acte I (sc. 3).

③ Comment interprétez-vous le cri qui commence le vers 822?

● **La poésie**

④ Analysez l'harmonie poétique du vers 798 : les coupes, les sonorités.

━━

coup de théâtre

SCÈNE III. — PHÈDRE, ŒNONE.

ŒNONE.
825 Il faut d'un vain[1] amour étouffer la pensée,
Madame. Rappelez votre vertu passée[2].
Le Roi, qu'on a cru mort, va paraître à vos yeux;
Thésée est arrivé, Thésée[3] est dans ces lieux.
Le peuple, pour le voir, court et se précipite.
830 Je sortais par votre ordre, et cherchais Hippolyte,
Lorsque jusques au ciel mille cris élancés[4]...

PHÈDRE.
— Mon époux est vivant, Œnone, c'est assez.
J'ai fait l'indigne aveu d'un amour qui l'outrage;
Il vit[5] : je ne veux pas en savoir davantage.

ŒNONE.
835 Quoi?

PHÈDRE.
Je te l'ai prédit, mais tu n'as pas voulu.
Sur mes justes remords tes pleurs ont prévalu.
Je mourais ce matin digne d'être pleurée;
J'ai suivi tes conseils, je meurs[6] déshonorée.

ŒNONE.
— Vous mourez?

PHÈDRE.
Juste Ciel! qu'ai-je fait aujourd'hui?
840 Mon époux va paraître, et son fils avec lui.
Je verrai le témoin de ma flamme adultère
Observer de quel front j'ose aborder son père,
Le cœur gros de soupirs qu'il n'a point écoutés,
L'œil humide de pleurs, par l'ingrat rebutés[7].
845 Penses-tu que, sensible à l'amour de Thésée,
Il lui cache l'ardeur dont je suis embrasée?
Laissera-t-il trahir et son père et son roi?
Pourra-t-il contenir l'horreur qu'il a pour moi?
Il se tairait en vain. Je sais mes perfidies[8],
850 Œnone, et ne suis point de ces femmes hardies
Qui, goûtant dans le crime une tranquille paix,
Ont su se faire un front qui ne rougit jamais[9].

---

1. Sans espoir. — 2. Dans son affolement, Œnone ne se rend pas compte qu'elle demande à Phèdre l'impossible retour en arrière. — 3. La répétition est ici une sorte de cri. — 4. Le XVIIe s. ne distingue pas encore le verbe simple et son composé. — 5. Brièveté qui contraste avec la volubilité d'Œnone et qui en interrompt le cours. — 6. Le rapprochement de l'imparfait (*je mourais*, v. 837) et du présent (*je meurs*) du même verbe ajoute au pathétique. — 7. Le verbe *rebuter* s'emploie normalement, dans la langue classique, avec un complément désignant un nom de chose. — 8. Sens étymologique : infidélités. — 9. Racine cède ici aux habitudes moralisantes d'Euripide. A moins qu'il n'y ait quelque allusion contemporaine : la tradition veut que la Champmeslé ait commencé par refuser de prononcer ces vers.

Je connais mes fureurs, je les rappelle toutes.
Il me semble déjà que ces murs, que ces voûtes
855 Vont prendre la parole, et prêts à m'accuser,
Attendent mon époux pour le désabuser.
Mourons. De tant d'horreurs qu'un trépas me délivre.
Est-ce un malheur si grand que de cesser de vivre?
La mort aux malheureux[1] ne cause point d'effroi.
860 Je ne crains que le nom que je laisse après moi.
Pour mes tristes[2] enfants quel affreux héritage!
Le sang de Jupiter doit enfler leur courage[3];
Mais quelque juste orgueil qu'inspire un sang si beau,
Le crime d'une mère est un pesant fardeau.
865 Je tremble qu'un discours[4], hélas! trop véritable,
Un jour ne leur reproche une mère coupable.
Je tremble qu'opprimés[5] de ce poids odieux
L'un ni l'autre[6] jamais n'ose lever les yeux.

---

1. Ceux qui sont frappés par le *malheur*. — 2. Objets de tristesse, dignes de pitié. — 3. *Enfler* d'orgueil leur *cœur*. — 4. Des paroles. — 5. L'image est parfaitement cohérente : le *poids* (fardeau) qui pèsera sur eux (*opprimés*) les empêchera de *lever les yeux*. — 6. Nouvelle allusion à ses deux enfants : voir p. 48, n. 3.

● **La tragédie s'est remise en mouvement** — Figée autour de Phèdre et d'Hippolyte depuis le milieu de l'acte II, l'action repart sous l'effet du coup de théâtre. L'arrivée d'Œnone, essoufflée et hors d'elle-même, traduit ce mouvement.

● **Phèdre est prise de vertige** — Elle mesure brusquement les dimensions de ce monde auquel l'avait arrachée son rêve passionné :
— le temps (*ce matin*, v. 837; *aujourd'hui*, v. 839);
— le lieu (*ces murs, ces voûtes*, v. 854);
— les personnages (*mon époux* [...] *et son fils avec lui*, v. 840).
Il ne lui reste plus qu'à mourir (v. 857-859); mais les vers qui suivent marquent chez elle une hésitation que sa nourrice, attentive à tout ce qui peut rattacher Phèdre à la vie, va mettre à profit aussitôt.

① Montrez comment le langage d'Œnone exprime son désarroi : répétitions, détails accumulés, coupes.

② « Le tragique de Phèdre, c'est qu'elle s'est laissée dérober une mort honorable, engagée qu'elle était dans des événements entre lesquels elle a reconnu bien vite le lien intentionnel de la fatalité. » Commentez ce jugement de Raymond Picard (*Théâtre* de Racine, Pléiade, p. 757).

ŒNONE.
— Il n'en faut point douter, je les plains l'un et l'autre ;
870 Jamais crainte ne fut plus juste [1] que la vôtre.
Mais à de tels affronts pourquoi les exposer ?
Pourquoi contre vous-même allez-vous déposer ?
C'en est fait [2] : on dira que Phèdre, trop coupable,
De son époux trahi fuit l'aspect redoutable.
875 Hippolyte est heureux qu'aux dépens de vos jours
Vous-même en expirant appuyez [3] ses discours.
A votre accusateur que pourrai-je répondre ?
Je serai devant lui trop facile à confondre.
De son triomphe affreux [4] je le verrai jouir,
880 Et conter votre honte à qui voudra l'ouïr.
Ah ! que plutôt du Ciel la flamme me dévore !
Mais ne me trompez point, vous est-il cher encore ?
De quel œil voyez-vous ce prince audacieux [5] ?

PHÈDRE.
— Je le vois comme un monstre effroyable [6] à mes yeux.

ŒNONE.
885 Pourquoi donc lui céder une victoire entière ?
Vous le craignez... Osez l'accuser la première
Du crime dont il peut vous charger aujourd'hui.
Qui vous démentira ? Tout parle contre lui :
Son épée en vos mains heureusement [7] laissée,
890 Votre trouble présent, votre douleur passée,
Son père par vos cris dès longtemps prévenu [8],
Et déjà son exil par vous-même obtenu.

PHÈDRE.
— Moi, que j'ose opprimer et noircir l'innocence ?

ŒNONE.
— Mon zèle [9] n'a besoin que de votre silence.
895 Tremblante comme vous, j'en [10] sens quelque remords.
Vous me verriez plus prompte affronter mille morts.
Mais puisque je vous perds sans ce triste [11] remède,
Votre vie est pour moi d'un prix à qui [12] tout cède.

---

1. Mieux fondée. — 2. Les conséquences de la situation sont inéluctables : d'où le présent, ici et aux vers suivants. — 3. L'indicatif est régulier, dans ce cas, au xviiᵉ s. — 4. *Affreux* pour Phèdre, mais aussi pour elle-même. — 5. Épithète de nature : cf. *Ce superbe Hippolyte* (terme employé par Théramène au v. 58). — 6. Phèdre projette sur Hippolyte l'image qu'elle se fait d'elle-même. — 7. Par bonheur. — 8. Dans l'esprit de qui sont nés des sentiments de méfiance. — 9. Mon dévouement envers vous. — 10. Construction très libre : le pronom renvoie à l'idée exprimée au v. 893. — 11. Fâcheux, déplorable. — 12. Emploi de *qui* (au lieu de *quoi*) fréquent au xviiᵉ s.

Je parlerai[1]. Thésée, aigri[2] par mes avis,
900 Bornera sa vengeance à l'exil de son fils.
Un père en punissant, Madame, est toujours père :
Un supplice léger suffit à sa colère.
Mais le sang innocent dût-il[3] être versé,
Que ne demande point votre honneur menacé ?
905 C'est un trésor trop cher pour oser le commettre[4].
Quelque loi qu'il vous dicte, il faut vous y soumettre,
Madame ; et pour sauver votre honneur combattu[5],
Il faut immoler tout, et même la vertu.
On vient ; je vois Thésée.

PHÈDRE.   —   Ah ! je vois Hippolyte[6] ;
910 Dans ses yeux insolents[7] je vois ma perte écrite.
Fais ce que tu voudras, je m'abandonne à toi.
Dans le trouble où je suis, je ne puis rien pour moi.

---

1. Noter l'assurance du futur. — 2. Irrité. — 3. Valeur du conditionnel : même si le sang devait *être versé*. — 4. Compromettre. — 5. Auquel on livre *combat*. — 6. Pour Phèdre, seul compte Hippolyte, aimé et redouté à la fois. — 7. Fiers et dédaigneux : voir le v. 793.

● **Œnone devient l'esprit du mal**

① Analysez les variations de ton : complaisance (v. 870), froid réalisme (v. 873), rudesse (v. 886) ; montrez comment elle est successivement rassurante et cruelle.

Après l'affolement qu'a provoqué en elle l'annonce du retour de Thésée, elle cherche une issue : elle trouve la plus perfide, celle qui devrait soulever l'indignation de Phèdre ; mais celle-ci n'a plus de ressort, elle n'y voit même plus clair (v. 911-912).

Retenez l'importance du vers 911, qui permet d'apprécier la culpabilité d'Œnone et celle de Phèdre : voir les v. 1626 et suiv.

Tout le drame est dans cette opposition : le dévouement passionné et sans scrupules d'Œnone ; l'effondrement psychologique et moral de Phèdre.

② André Gide écrit (*Interviews imaginaires*) :
« Œnone excelle à faire le jeu du diable ; non point certes par perfidie, à la manière de Narcisse, mais par dévouement ancillaire et par amour pour sa maîtresse. »
Comparez vous-même son rôle avec celui de Narcisse dans *Britannicus*.

③ Dans la tragédie d'Euripide, c'est Phèdre elle-même qui accusait Hippolyte (voir p. 23). Pourquoi Racine en use-t-il différemment ? Est-il préférable que l'accusatrice soit Œnone plutôt que Phèdre ?

SCÈNE IV. — THÉSÉE, HIPPOLYTE, PHÈDRE,
ŒNONE, THÉRAMÈNE.

THÉSÉE. — La fortune à mes vœux cesse d'être opposée,
Madame, et dans vos bras met...

PHÈDRE. — Arrêtez[1], Thésée,
915 Et ne profanez[2] point des transports si charmants.
Je ne mérite plus ces doux empressements[3].
Vous êtes offensé. La fortune jalouse
N'a pas en votre absence épargné votre épouse.
Indigne de vous plaire et de vous approcher,
920 Je ne dois désormais songer qu'à me cacher.

SCÈNE V. — THÉSÉE, HIPPOLYTE, THÉRAMÈNE.

THÉSÉE. — Quel est l'étrange accueil qu'on[4] fait à votre père,
Mon fils?

HIPPOLYTE. — Phèdre peut seule expliquer ce mystère.
Mais si mes vœux ardents vous peuvent émouvoir,
Permettez-moi, Seigneur, de ne la plus revoir.
925 Souffrez que pour jamais le tremblant[5] Hippolyte
Disparaisse des lieux que votre épouse habite.

THÉSÉE. — Vous, mon fils, me quitter?

HIPPOLYTE. — Je ne la[6] cherchais pas :
C'est vous qui sur ces bords conduisîtes ses pas.
Vous daignâtes, Seigneur, aux rives de Trézène
930 Confier en partant Aricie et la Reine.
Je fus même chargé du soin de les garder.
Mais quels soins désormais peuvent me retarder[7]?
Assez dans les forêts mon oisive jeunesse
Sur de vils ennemis[8] a montré son adresse.
935 Ne pourrai-je, en fuyant un indigne[9] repos,
D'un sang plus glorieux[10] teindre mes javelots?

---

1. Geste de Phèdre qui immobilise Thésée et interrompt sa phrase. — 2. Sens étymologique : Phèdre, en acceptant la tendresse de son mari trahi, commettrait une sorte de sacrilège. — 3. Témoignages d'affection. — 4. Faux indéfini : c'est bien de Phèdre qu'il s'agit ici. — 5. L'article donne au participe la valeur d'une nouvelle épithète de nature qui souligne le changement intervenu chez Hippolyte. — 6. Opposition des deux pronoms (*me, la*) : les deux hommes évoluent dans deux mondes différents. — 7. M'empêcher de partir. — 8. Les animaux des forêts. — 9. Indigne du fils d'un tel père. — 10. Qui donne de la gloire à celui qui le fait couler.

Vous n'aviez pas encore atteint l'âge où je touche,
Déjà[1] plus d'un tyran, plus d'un monstre farouche
Avait de votre bras senti la pesanteur ;
940 Déjà, de l'insolence[2] heureux persécuteur[3],
Vous aviez des deux mers assuré[4] les rivages.
Le libre[5] voyageur ne craignait plus d'outrages ;
Hercule, respirant sur le bruit[6] de vos coups,
Déjà de son travail se reposait sur vous,
945 Et moi, fils inconnu d'un si glorieux père,
Je suis même encor loin des traces de ma mère.
Souffrez que mon courage ose enfin s'occuper[7].
Souffrez, si quelque monstre a pu vous échapper,
Que j'apporte à vos pieds sa dépouille honorable,
950 Ou que d'un beau trépas la mémoire[8] durable,
Éternisant[9] des jours si noblement finis,
Prouve à tout l'univers que j'étais votre fils.

Th. Léros
comme
Motèr.
vs. tyrans

à ce qui
lui arrive

---

1. Absence de subordination : (que) *déjà*..., conforme à l'usage latin. — 2. C'est l'*ubris* des Grecs, l'orgueil de celui qui se met au-dessus des lois. — 3. Aucun sens péjoratif ici (cf. le latin *persequor*). — 4. Assuré la sécurité des... — 5. Libéré des entreprises et des menaces des *brigands* : v. 79 et suiv. — 6. La renommée ; voir le v. 78. — 7. S'employer, s'exercer. — 8. Le souvenir. — 9. Rendant *éternels* par leur renommée.

• **Thésée** paraît avec éclat (v. 913) : son arrivée est une « lumineuse sonnerie » (Jean-Louis Barrault), mais très brève : Phèdre, par son demi-aveu (v. 916-917), rend l'atmosphère à nouveau étouffante.

• **Phèdre** est donc entrée dans le jeu d'Œnone :

① Relevez tout ce qu'il y a d'équivoque dans les vers 914-920.

② « Plus la tragédie avance vers son terme fatal, plus Phèdre se révèle retorse et subtilement criminelle [...]. Quelle inquiétante présence d'esprit [...]. Comme les paroles qu'elle prononce préparent et autorisent adroitement la calomnie ! » (Roger Pons, *Procès de l'amour*, p. 33-34).

• **Hippolyte** est transformé : non plus *superbe* (v. 58 et 272), *fier* (v. 67), *farouche* (v. 638), mais *tremblant* (v. 925). Il veut fuir Phèdre et il trouve à cette fuite soudaine une excuse (v. 935) ; mais celle-ci se fonde sur le désir de rehausser la gloire de Thésée, menacée par l'« offense » de Phèdre.

③ Montrez comment il devient à nouveau, devant Thésée, le « digne fils du héros » qui apparaissait déjà à l'acte I (sc. 1), et dont l'amour de Phèdre n'a pu ternir la noblesse.

THÉSÉE. — Que vois-je? Quelle horreur dans ces lieux répandue
Fait fuir devant mes yeux ma famille éperdue[1]?

955 Si je reviens si craint et si peu désiré,
Ô Ciel, de ma prison pourquoi m'as-tu tiré?
Je n'avais qu'un ami[2]. Son imprudente flamme
Du tyran de l'Épire allait ravir la femme[3];
Je servais à regret ses desseins amoureux;

960 Mais le sort irrité nous aveuglait tous deux.
Le tyran m'a surpris sans défense et sans armes.
J'ai vu Pirithoüs, triste objet de mes larmes,
Livré par ce barbare à des monstres cruels[4]
Qu'il nourrissait du sang des malheureux mortels.

965 Moi-même, il m'enferma dans des cavernes sombres,
Lieux profonds, et voisins de l'empire des ombres.
Les Dieux, après six mois, enfin m'ont regardé[5]:
J'ai su tromper les yeux de qui[6] j'étais gardé.
D'un perfide ennemi j'ai purgé la nature;

970 A ses monstres lui-même a servi de pâture;
Et lorsqu'avec transport[7] je pense m'approcher
De tout ce que les Dieux m'ont laissé de plus cher[8];
Que dis-je? quand mon âme, à soi-même rendue,
Vient se rassasier d'une si chère vue,

975 Je n'ai pour tout accueil que des frémissements[9]:
Tout fuit, tout se refuse à mes embrassements.
Et moi-même, éprouvant la terreur que j'inspire,
Je voudrais être encor dans les prisons d'Épire.
Parlez. Phèdre se plaint que je suis outragé.

980 Qui m'a trahi? Pourquoi ne suis-je pas vengé?
La Grèce, à qui mon bras fut tant de fois utile,
A-t-elle au criminel accordé quelque asile[10]?
Vous ne répondez point. Mon fils, mon propre fils
Est-il d'intelligence avec mes ennemis?

985 Entrons. C'est trop garder un doute qui m'accable.
Connaissons à la fois le crime et le coupable.
Que Phèdre explique enfin le trouble où je la voi.

---

1. Troublée par la crainte. — 2. Pirithoüs, cité au v. 962. — 3. Racine mêle ici deux légendes relatives à Thésée et à Pirithoüs : l'une qui les faisait descendre chez Hadès pour enlever Perséphone (v. 383 et suiv.); l'autre qui les faisait aller chez Haedonée, roi d'Épire (dont les habitants étaient appelés *Molosses*), pour lui ravir sa femme, nommée elle aussi Perséphone. — 4. Un chien qui appartenait à Haedonée et se nourrissait de chair humaine; il s'appelait *Cerbère*, comme le monstre gardien des Enfers. — 5. Ont fait attention à moi. — 6. Par lesquels. Dans la légende antique, c'est Héraclès qui délivrait Thésée. — 7. Voir p. 82, n. 1. — 8. Rime normande : on prononçait *ché*; voir aussi p. 104, n. 1. — 9. Tremblements de crainte. — 10. Long silence : Hippolyte est à la torture.

valeurs dramatiques
des questions

SCÈNE VI. — HIPPOLYTE, THÉRAMÈNE.

v. 676, 390

HIPPOLYTE. — Où tendait ce discours [1] qui m'a glacé d'effroi ?
　　　　　Phèdre, toujours en proie à sa fureur extrême,
990　　Veut-elle s'accuser et se perdre soi-même ?
　　　　　Dieux ! que dira le Roi ? Quel funeste [2] poison
　　　　　L'amour a répandu sur toute sa maison !
　　　　　Moi-même, plein d'un feu que sa haine réprouve [3],
　　　　　Quel [4] il m'a vu jadis, et quel il me retrouve !
995　　De noirs pressentiments viennent m'épouvanter.
　　　　　Mais l'innocence enfin n'a rien à redouter.
　　　　　Allons, cherchons ailleurs par quelle heureuse adresse [5]
　　　　　Je pourrai de mon père émouvoir la tendresse,
　　　　　Et lui dire un amour qu'il peut vouloir troubler,
1000　Mais que tout son pouvoir ne saurait ébranler.

---

1. Il s'agit des paroles de Phèdre à la scène 4 (v. 914-920). — 2. Sens étymologique : qui porte la mort. — 3. Autre sujet d'inquiétude pour Hippolyte : son amour pour Aricie, dont il se sent plus coupable que de la passion qu'il inspire à Phèdre. — 4. Dans *quel* état (lat. *qualis*). — 5. Habileté ; le mot n'a rien de péjoratif.

noir, sombre, ombre vs
jour, lumière

* * *

- **Thésée** est désormais au centre du drame, dans une solitude tragique (v. 954) et avec le sentiment d'être le jouet des dieux (v. 956) ; d'abord étonné (v. 921), puis inquiet (v. 953 et suiv.), il devient méfiant, menaçant même (v. 980 et suiv.) ; la logique de son évolution psychologique et de son passé de redresseur de torts va précipiter le dénouement.

　① Essayez de justifier, dans cette perspective, les vers 957-970 qui pourraient apparaître ici comme une digression peu utile à l'action.

- **La fin de l'acte III** est lourde de menaces : perfidie d'Œnone, dont Phèdre se fait complice ; colère de Thésée ; pressentiments d'Hippolyte.

　② Les quatre derniers vers d'Hippolyte justifient par avance son retour auprès de Thésée (acte IV, sc. 2). Cherchez dans la tragédie d'autres exemples de ces « justifications », à propos desquelles on lit chez Voltaire : « Il faut faire en sorte qu'aucun personnage ne paraisse et ne sorte sans aucune raison sentie de tous les spectateurs. »

ACTE IV

SCÈNE PREMIÈRE. — THÉSÉE, ŒNONE.

THÉSÉE. — Ah ! qu'est-ce que j'entends [1] ? Un traître, un téméraire
Préparait cet outrage à l'honneur de son père ?
Avec quelle rigueur, Destin [2], tu me poursuis !
Je ne sais où je vais, je ne sais où je suis.
1005 Ô tendresse ! ô bonté trop mal récompensée !
Projet audacieux ! détestable pensée !
Pour parvenir au but de ses noires [3] amours,
L'insolent de la force empruntait le secours.
J'ai reconnu le fer, instrument de sa rage,
1010 Ce fer dont je l'armai [4] pour un plus noble usage.
Tous les liens du sang n'ont pu le retenir ?
Et Phèdre différait à le faire punir ?
Le silence de Phèdre épargnait le coupable ?

ŒNONE. — Phèdre épargnait plutôt un père déplorable [5].
1015 Honteuse du dessein d'un amant furieux [6]
Et du feu criminel qu'il a pris dans ses yeux,
Phèdre mourait [7], Seigneur, et sa main meurtrière
Éteignait de ses yeux l'innocente lumière
J'ai vu lever [8] le bras, j'ai couru la sauver.
1020 Moi seule à votre amour j'ai su la conserver ;
Et plaignant à la fois son trouble et vos alarmes,
J'ai servi, malgré moi, d'interprète à ses larmes.

THÉSÉE. — Le perfide ! Il n'a pu s'empêcher de pâlir.
De crainte, en m'abordant [9], je l'ai vu tressaillir.
1025 Je me suis étonné de son peu d'allégresse ;
Ses froids embrassements ont glacé ma tendresse.
Mais ce coupable amour dont il est dévoré
Dans Athènes déjà s'était-il déclaré ?

ŒNONE. — Seigneur, souvenez-vous des plaintes de la Reine.
1030 Un amour criminel causa toute sa haine [10].

---

1. Voir Œnone, p. 87. — 2. Thésée aussi est une victime des dieux : voir les v. 956 et 960. — — 3. Coupables, criminelles. — 4. Souci de vraisemblance : Thésée a reconnu l'épée d'Hippolyte restée entre les mains de Phèdre (v. 889) et produite en guise de preuve par Œnone. — 5. Digne d'être plaint : voir p. 62, n. 8. — 6. Rendu fou par sa passion, *sa rage* (v. 1009). — 7. Valeur durative de l'imparfait : était en train de mourir. — 8. Se lever. — 9. Voir p. 43, n. 8. — 10. La révélation est à double sens : Œnone a assez calomnié désormais.

THÉSÉE. — Et ce feu dans Trézène a donc recommencé?

ŒNONE. — Je vous ai dit, Seigneur, tout ce qui s'est passé.
C'est trop laisser la Reine à sa douleur mortelle;
Souffrez que je vous quitte et me range[1] auprès d'elle.

SCÈNE II[2]. — THÉSÉE, HIPPOLYTE.

THÉSÉE. — 1035 Ah! le voici. Grands Dieux! à ce noble[3] maintien
Quel œil ne serait pas trompé comme le mien?
Faut-il que sur le front d'un profane[4] adultère
Brille de la vertu le sacré caractère?
Et ne devrait-on pas à des signes certains
1040 Reconnaître le cœur des perfides humains[5]?

HIPPOLYTE. — Puis-je vous demander quel funeste nuage,
Seigneur, a pu troubler votre auguste visage?
N'osez-vous confier ce secret à ma foi[6]?

---

1. Sens propre : retrouve ma place. — 2. Il semble que Racine ait supprimé ici, à l'impression, un monologue de Thésée (selon la *Dissertation sur les tragédies de « Phèdre et d'Hippolyte »*, attribuée à Subligny). — 3. Racine aurait d'abord écrit *chaste*; il aurait remplacé l'adjectif par *noble* après la première représentation. — 4. Qui méprise les liens *sacrés* du mariage : voir p. 82, n. 2. — 5. Ces deux vers sont directement imités d'Euripide. — 6. A la confiance que vous avez en moi.

■■■

- **Le rythme de l'action** se précipite. Dans la mise en scène de Jean-Louis Barrault, « le rideau est tombé à moitié, Hippolyte et Théramène ont à peine disparu, quand, du fond du théâtre, on entend un énorme cri, très long et très effroyable : *Ah!*, et immédiatement Thésée reparaît à grands pas, comme s'il fuyait, fou d'horreur et de rage... »

  ① Appréciez cette mise en scène.

- **Œnone** ne cesse de s'avilir.

  Durant l'entracte, elle a prononcé l'essentiel de sa calomnie (voir les premiers mots prononcés par Thésée après le lever du rideau).

  ② Appréciez l'intérêt du procédé.

  Au mensonge, elle ajoute l'hypocrisie (v. 1030). Mais elle est justifiée à ses propres yeux par son dévouement envers sa maîtresse : elle paraît même en concevoir une sorte de fierté (v. 1020).

  ③ Étudiez la complexité de ce caractère dépravé.

- **Thésée** touche le fond du désespoir.

  ④ Relevez ce qui traduit, dans ses paroles, la soif de connaître tous les détails de sa honte.

- **Hippolyte** paraît plus sûr de lui, déférent et confiant (v. 1042-43); mais il n'est plus pour Thésée qu'un « perfide » (v. 1040 et surtout 1044) : le drame va éclater.

■■■

THÉSÉE.
　　Perfide, oses-tu bien te montrer devant moi?
1045 Monstre, qu'a trop longtemps épargné le tonnerre[1],
Reste impur des brigands dont j'ai purgé la terre[2].
Après que le transport d'un amour plein d'horreur
Jusqu'au lit de ton père a porté sa fureur,
Tu m'oses présenter une tête ennemie,
1050 Tu parais dans des lieux pleins de ton infamie,
Et ne vas pas chercher, sous un ciel inconnu,
Des pays où mon nom ne soit point parvenu[3].
Fuis, traître. Ne viens point braver ici ma haine,
Et tenter un courroux que je retiens à peine[4].
1055 C'est bien assez pour moi de l'opprobre éternel
D'avoir pu mettre au jour un fils si criminel,
Sans que ta mort[5] encor, honteuse à ma mémoire,
De mes nobles travaux[6] vienne souiller la gloire.
Fuis: et si tu ne veux qu'un châtiment soudain
1060 T'ajoute aux scélérats qu'a punis cette[7] main,
Prends garde que jamais l'astre qui nous éclaire[8]
Ne te voie en ces lieux mettre un pied téméraire[9].
Fuis, dis-je; et sans retour précipitant tes pas,
De ton horrible aspect purge[10] tous mes États.
1065 　Et toi, Neptune, et toi, si jadis mon courage
D'infâmes assassins nettoya ton rivage[11],
Souviens-toi que pour prix de mes efforts heureux,
Tu promis d'exaucer le premier de mes vœux.
Dans les longues rigueurs d'une prison cruelle[12]
1070 Je n'ai point imploré ta puissance immortelle.
Avare[13] du secours que j'attends de tes soins,
Mes vœux t'ont réservé pour de plus grands besoins :
Je t'implore aujourd'hui. Venge un malheureux père[14].

---

1. La foudre de Zeus justicier, mais aussi la colère de Thésée qui va se déchaîner. — 2. Voir les v. 79 et suiv. — 3. Antithèse tragique avec les vers 947-952 où Hippolyte souhaitait, au contraire, rendre illustre le nom de son père. — 4. Avec peine. — 5. Tenté de tuer lui-même son fils, Thésée semble hésiter au nom de sa gloire passée (sa *mémoire*, v. 1057). — 6. C'est le mot même par lequel sont désignés habituellement les exploits d'Hercule. — 7. Valeur possessive du démonstratif : ma *main*. — 8. Thésée à son tour prend le Soleil à témoin : voir les v. 169-172. — 9. Hardi jusqu'à l'imprudence. — 10. Thésée, redresseur de torts, ne peut souffrir les coupables dans son royaume; même mot au v. 1046. — 11. La puissance de Poséidon (*Neptune*, v. 1065) s'exerçait surtout sur l'Argolide et sur Corinthe, royaume de Thésée. — 12. Celle où il avait été enfermé par le roi d'Épire, Haedonée : les *cavernes sombres* du v. 965. — 13. Apposition à *moi-même*, impliqué dans le possessif *mes* du vers suivant : construction très libre. — 14. Cf. Phèdre à Vénus : *Déesse, venge-toi* (v. 822).

J'abandonne ce traître à toute ta colère;
1075 Étouffe dans son sang ses désirs effrontés :
Thésée à tes fureurs[1] connaîtra[2] tes bontés.

HIPPOLYTE. — D'un amour criminel Phèdre accuse Hippolyte!
Un tel excès d'horreur rend mon âme interdite[3];
Tant de coups imprévus m'accablent à la fois,
1080 Qu'ils m'ôtent la parole et m'étouffent la voix[4].

THÉSÉE. — Traître, tu prétendais qu'en un lâche[5] silence
Phèdre ensevelirait ta brutale insolence.
Il fallait[6], en fuyant, ne pas abandonner
Le fer qui dans ses mains aide à te condamner;
1085 Ou plutôt il fallait, comblant[7] ta perfidie,
Lui ravir tout d'un coup[8] la parole et la vie[9].

---

1. Colère vengeresse, ici. — 2. Saura reconnaître. — 3. Incapable de réagir. — 4. Souci de vraisemblance ; Hippolyte est stupéfait au point de ne pouvoir se défendre. — 5. Puisqu'il ménagerait indûment un criminel. — 6. Sens conditionnel : il eût fallu. — 7. Mettant le *comble* à. — 8. A la fois. — 9. Thésée, dans sa fureur, en vient même à oublier que ce n'est pas Phèdre mais Œnone qui a parlé.

●●●

- **La colère de Thésée** éclate comme un orage (voir le v. 1041).

  ① Étudiez le mouvement de cette tirade : la malédiction du père (v. 1044-1052); la condamnation à l'exil (v. 1053-1064); l'invocation à Neptune (v. 1065-1076).

- **La progression** est sensible tout au long de ces vers.

  ② Les procédés oratoires soulignent cette progression : relevez-les; montrez comment ils donnent de la grandeur au rôle de Thésée et comment ils préparent la malédiction solennelle des vers 1065-1076.

- **Les dieux** sont de plus en plus maîtres du jeu : VÉNUS suppliée par Phèdre, NEPTUNE invoqué par Thésée (v. 1065). Racine retrouve les dimensions de la tragédie antique.

  ③ « C'est par l'excès, l'absolutisme, l'entêtement stupide et la fureur de vieux roi outragé que Thésée amplifie son rôle, l'accorde aux circonstances, occupe de toute sa taille l'emploi que le destin lui a fixé » (Pierre Brisson, *les Deux Visages de Racine*).
  Vous vous appuyerez sur ces remarques pour étudier le rôle de Thésée dans la tragédie; vous pourrez les rapprocher de la boutade d'Émile Faguet qui disait de Thésée : « Majestueux comme la foudre et bête comme un ouragan. »

●●●

HIPPOLYTE. — D'un mensonge si noir [1] justement irrité,
Je devrais faire ici parler la vérité,
Seigneur ; mais je supprime [2] un secret qui vous touche.
1090 Approuvez le respect qui me ferme la bouche ;
Et sans vouloir vous-même augmenter vos ennuis [3],
Examinez ma vie, et songez qui je suis.
Quelques crimes toujours précèdent les grands crimes.
Quiconque a pu franchir les bornes légitimes [4]
1095 Peut violer enfin [5] les droits les plus sacrés ;
Ainsi que la vertu, le crime a ses degrés ;
Et jamais on n'a vu la timide innocence
Passer subitement à l'extrême licence.
Un jour seul ne fait point d'un mortel vertueux
1100 Un perfide assassin, un lâche incestueux.
Élevé dans le sein d'une chaste héroïne [6],
Je n'ai point de son sang démenti l'origine.
Pitthée [7], estimé sage entre tous les humains,
Daigna m'instruire encore au sortir de ses mains [8].
1105 Je ne veux point me peindre avec trop d'avantage ;
Mais si quelque vertu m'est tombée en partage,
Seigneur, je crois surtout avoir fait éclater
La haine des forfaits [9] qu'on ose m'imputer.
C'est par là qu'Hippolyte est connu dans la Grèce.
1110 J'ai poussé la vertu jusques à la rudesse.
On sait de mes chagrins [10] l'inflexible rigueur.
Le jour n'est pas plus pur que le fond de mon cœur.
Et l'on veut qu'Hippolyte, épris d'un feu profane [11]...

THÉSÉE. — Oui, c'est ce même orgueil, lâche [12] ! qui te condamne.
1115 Je vois de tes froideurs le principe [13] odieux :
Phèdre seule charmait tes impudiques yeux ;
Et pour tout autre objet [14] ton âme indifférente
Dédaignait de brûler d'une flamme innocente.

_____

1. Le sens est le même qu'au v. 1007. — 2. Passe sous silence, tais. — 3. Sens fort : tourments. — 4. Définies par les *lois* morales. — 5. A la fin. — 6. L'Amazone Antiope, hostile au mariage comme ses semblables (voir les v. 125-126 et la n. 7, p. 44), ne pouvait donner naissance qu'à un fils vertueux. — 7. Voir p. 60, n. 7. Il avait une grande réputation de sagesse dans la légende antique. — 8. Celles d'Antiope, la *chaste héroïne* du v. 1101. — 9. La tentative de violence à l'égard de Phèdre. — 10. L'austérité de mes sentiments : c'est le *farouche* Hippolyte de la tradition grecque et d'Euripide qui parle. — 11. Voir les v. 915 et 1037. — 12. L'injure est étonnante : sans doute s'adresse-t-elle à la tentative de justification d'Hippolyte. —- 13. Le motif, l'explication. — 14. Personne aimée.

HIPPOLYTE. — Non, mon père, ce cœur, c'est trop vous le celer,
1120 N'a point d'un chaste amour dédaigné de brûler.
Je confesse à vos pieds ma véritable offense :
J'aime, j'aime, il est vrai, malgré votre défense.
Aricie à ses lois tient mes vœux asservis[1];
La fille de Pallante[2] a vaincu votre fils.
1125 Je l'adore, et mon âme, à vos ordres rebelle,
Ne peut ni soupirer ni brûler que pour elle.

THÉSÉE. — Tu l'aimes? Ciel[3]! Mais non[4], l'artifice est grossier.
Tu te feins criminel pour te justifier.

HIPPOLYTE. — Seigneur, depuis six mois je l'évite, et je l'aime[5].
1130 Je venais en tremblant vous le dire à vous-même.

---

1. Sens fort : réduits en esclavage. — 2. En rappelant la naissance d'Aricie, Hippolyte souligne sa propre culpabilité aux yeux de Thésée. — 3. Marquer un silence dans la lecture. — 4. Autant qu'à Hippolyte, Thésée s'adresse à lui-même pour refuser de céder à ce qu'il croit de la crédulité de sa part. — 5. Telle était l'attitude qu'avouait déjà Hippolyte à Théramène (v. 30), puis à Aricie (v. 542).

. . . .

● **Hippolyte est désemparé** — Son respect pour son père l'empêche de dénoncer Phèdre. Mais sa défense, faite de généralités morales, est peu convaincante, surtout pour Thésée, absolument hors de lui.

● **La confession d'Hippolyte** est digne. Pour se disculper de l'accusation portée par Œnone, il insiste lourdement sur sa propre faute (v. 1121-1126).

① Mais Thésée est-il dans un état d'esprit qui lui permette d'attacher de l'importance à cette faute?

② Contestant le jugement de ceux qui ne voient en Hippolyte qu'un « jeune et charmant Français », M. Antoine Adam écrit (*Histoire de la littér. fr. au XVIIe s.*, t. IV, p. 369) :
« Tous les traits convergent qui font de lui un être sauvage et dur. Il est fils de l'Amazone, et son sang est barbare. Il est sans pitié pour Phèdre et ses faiblesses [...].Nourri dans les forêts, occupé seulement de courses et de chasse, il est, dans son farouche orgueil, un jeune barbare, et non un courtisan français. »
Vous essayerez de justifier cette analyse.

● **« Le jour n'est pas plus pur... »**

③ Ce vers 1112 est souvent cité comme un exemple des plus belles réussites poétiques de Racine. Essayez de montrer en quoi consiste la poésie de ce beau vers et comment il s'accorde à l'atmosphère générale de la pièce.

. . . .

le contraire de ph.
veut s'exposer
vs. se cacher

Hé quoi ! de votre erreur rien ne vous peut tirer ?
Par quel affreux serment faut-il vous rassurer ?
Que la terre, le ciel, que toute la nature...

THÉSÉE. — Toujours les scélérats ont recours au parjure.
1135 Cesse, cesse, et m'épargne [1] un importun [2] discours,
Si ta fausse vertu n'a point d'autre secours.

HIPPOLYTE. — Elle vous paraît fausse et pleine d'artifice.
Phèdre au fond de son cœur me rend plus de justice [3].

THÉSÉE. — Ah ! que ton impudence excite mon courroux !

HIPPOLYTE. [1140] Quel temps à mon exil, quel lieu prescrivez-vous [4] ?

THÉSÉE. — Fusses-tu par-delà les colonnes d'Alcide [5],
Je me croirais encor trop voisin d'un perfide.

HIPPOLYTE. — Chargé du crime affreux dont vous me soupçonnez,
Quels amis me plaindront [6], quand vous m'abandonnez ?

THÉSÉE. [1145] Va chercher des amis dont l'estime funeste
Honore l'adultère, applaudisse à l'inceste,
Des traîtres [7], des ingrats, sans honneur et sans loi,
Dignes de protéger un méchant tel que toi.

HIPPOLYTE. — Vous me parlez toujours d'inceste et d'adultère !
1150 Je me tais. Cependant Phèdre sort d'une mère,
Phèdre est d'un sang [8], Seigneur, vous le savez trop
[bien,
De toutes ces horreurs plus rempli que le mien.

comme page
se justifie
arden p. 90

THÉSÉE. — Quoi ! ta rage à mes yeux perd toute retenue ?
Pour la dernière fois, ôte-toi de ma vue :
1155 Sors, traître. N'attends pas qu'un père furieux
Te fasse avec opprobre [9] arracher de ces lieux.

---

1. Épargne-moi. — 2. Fâcheux par sa répétition même. — 3. Me connaît mieux : Hippolyte
est à la limite de son silence ; mais Thésée ne voit, dans cette attitude, qu'une insolence de
plus. — 4. Le ton a changé : il se fait froid et cinglant. — 5. Les colonnes d'Hercule (Gibral-
tar) étaient considérées par les Anciens comme la limite du monde habité. — 6. M'accueille-
ront avec pitié : appel très passager à la miséricorde. — 7. Ce mot est, dans la bouche de
Thésée, comme une sorte de *leit-motiv* pour exprimer sa colère et son sentiment d'avoir
été *trahi*, au sens propre. — 8. Nouveau rappel de la lourde hérédité de Phèdre : voir les
v. 257-258. — 9. En rendant publique ta honte et ton abjection.

SCÈNE III. — THÉSÉE, *seul.*

THÉSÉE. — Misérable, tu cours à ta perte infaillible.
Neptune, par le fleuve aux Dieux mêmes terrible [1],
1160 M'a donné sa parole, et va l'exécuter.
Un Dieu vengeur te suit, tu ne peux l'éviter.
Je t'aimais [2]; et je sens que malgré ton offense,
Mes entrailles [3] pour toi se troublent par avance.
Mais à te condamner tu m'as trop engagé [4].
Jamais père en effet [5] fut-il plus outragé?
1165 Justes Dieux [6], qui voyez la douleur qui m'accable,
Ai-je pu mettre au jour un enfant si coupable?

---

1. Les dieux juraient *par le Styx* lorsqu'ils voulaient prononcer un serment solennel : des châtiments terribles les attendaient s'ils se parjuraient. — 2. Brusque apaisement : Thésée souffre dans son cœur de père. — 3. Mon cœur. — 4. Poussé, amené. — 5. Thésée cherche à se justifier devant lui-même. — 6. En dépit de l'épithète, ce ne sont plus les dieux justiciers, mais les dieux consolateurs que Thésée implore ici.

• **L'intensité dramatique** atteint un sommet dans cette querelle du père et du fils : cris, malédictions, mouvements; c'est la foudre sur le théâtre.

① Vous pourrez comparer cette querelle avec la querelle d'Achille et d'Agamemnon dans *Iphigénie* (IV, 6).

• **Le pathétique** s'y ajoute ici : il apparaît dans les efforts d'Hippolyte pour échapper à la colère de son père sans lui révéler sa honte.

② Comment les changements de ton traduisent-ils, dans ses paroles, son désarroi et sa souffrance?

• **Thésée** s'enferme de plus en plus dans son erreur : c'est le mur contre lequel viennent se briser les efforts d'Hippolyte.

③ Comme tous les héros « faibles » de la tragédie, il s'obstine d'autant plus qu'il se trompe : comparez-le avec Agamemnon (*Iphigénie*) ou même avec Félix (*Polyeucte*).

• **Racine et ses sources antiques**

④ Chez Euripide, Hippolyte se taisait parce qu'Œnone le lui avait fait jurer par surprise; chez Racine, c'est par respect pour son père. Appréciez la différence.

• **Le Destin** a été mis en mouvement par Thésée : plus rien ne peut désormais l'arrêter (v. 1157-1160). Mais Phèdre n'a pas encore souffert les ultimes malédictions divines.

SCÈNE IV. — PHÈDRE, THÉSÉE.

PHÈDRE. — Seigneur, je viens à vous, pleine d'un juste effroi.
Votre voix redoutable a passé jusqu'à moi.
Je crains qu'un prompt effet n'ait suivi la menace.
1170 S'il en est temps encore, épargnez votre race [1],
Respectez votre sang, j'ose vous en prier.
Sauvez-moi de l'horreur de l'entendre crier [2];
Ne me préparez point la douleur éternelle
De l'avoir fait répandre à [3] la main paternelle.

THÉSÉE. 1175 Non, Madame [4], en mon sang ma main n'a point
[trempé;
Mais l'ingrat toutefois ne m'est point échappé.
Une immortelle main de sa perte est chargée.
Neptune me la doit, et vous serez vengée [5].

PHÈDRE. — Neptune vous la doit! Quoi? vos vœux irrités...

THÉSÉE. 1180 Quoi! craignez-vous déjà qu'ils ne soient écoutés?
Joignez-vous bien plutôt à mes vœux légitimes.
Dans toute leur noirceur [6] retracez-moi ses crimes;
Échauffez mes transports [7] trop lents, trop retenus.
Tous ses crimes encor ne vous sont pas connus;
1185 Sa fureur contre vous se répand en injures :
Votre bouche, dit-il, est pleine d'impostures [8];
Il soutient qu'Aricie a son cœur, a sa foi,
Qu'il l'aime.

PHÈDRE. — Quoi, Seigneur?

THÉSÉE. — Il l'a dit devant moi.
Mais je sais rejeter un frivole [9] artifice.
1190 Espérons de Neptune une prompte justice.
Je vais moi-même encore, au pied de ses autels,
Le presser d'accomplir ses serments immortels.

---

1. Votre fils. — 2. L'expression est tirée de la Bible : « Le sang de ton frère *crie* vers moi »
(*Genèse*, IV, 10). — 3. Par. — 4. Thésée ne répond qu'aux derniers mots de Phèdre. Hippolyte
ne mourra pas de la main de son père. — 5. Thésée se retrouve redresseur de torts. — 6. Même
image aux v. 1007 et 1087. — 7. Ma colère. — 8. Le sens est presque celui de : mensonges. —
9. Trop léger pour qu'on y prête attention : voir le v. 1127.

SCÈNE V. — PHÈDRE, *seule.*

PHÈDRE.
— Il sort. Quelle nouvelle a frappé mon oreille ?
Quel feu mal étouffé[1] dans mon cœur se réveille ?
1195 Quel coup de foudre[2], ô Ciel ! et quel funeste avis[3] !
Je volais toute entière au secours de son fils ;
Et m'arrachant des bras d'Œnone épouvantée,
Je cédais au remords dont j'étais tourmentée.
Qui sait même où m'allait porter ce repentir ?
1200 Peut-être à m'accuser j'aurais pu consentir ;
Peut-être, si la voix ne m'eût été coupée[4],
L'affreuse vérité me serait échappée.
Hippolyte est sensible[5], et ne sent rien pour moi !
Aricie a son cœur ! Aricie a sa foi !
1205 Ah, Dieux ! Lorsqu'à mes vœux l'ingrat inexorable[6]
S'armait d'un œil si fier, d'un front si redoutable,
Je pensais qu'à l'amour son cœur toujours fermé
Fût contre tout mon sexe également armé.
Une autre cependant a fléchi son audace[7] ;
1210 Devant ses yeux cruels une autre a trouvé grâce.
Peut-être a-t-il un cœur facile à s'attendrir[8].
Je suis le seul objet qu'il ne saurait souffrir ;
Et je me chargerais du soin de le défendre ?

---

1. L'amour, qui fait naître la jalousie. — 2. Nouvelle qui frappe comme un *coup de* tonnerre.
— 3. Sens général de *nouvelle* (terme employé au v. 1193). — 4. Voir le v. 1179. — 5. Langage
de la galanterie : amoureux. — 6. Qui ne répondait pas à mon amour et à mes prières.
Thésée traitait aussi Hippolyte d'*ingrat* au v. 1176, mais dans un autre sens : effet tragique.
— 7. Indifférence à l'amour. — 8. Elle faisait la même supposition à l'acte III, scène 1
(v. 788) ; mais elle espérait alors cette tendresse pour elle-même.

●●

- **Le mouvement dramatique** repose ici sur un contraste :

  ① La scène 4 est rapide : Thésée, emporté par la colère, brûle de voir
  son vœu réalisé ; étudiez ce qui marque cette rapidité.

  A la scène 5, au contraire, Phèdre, comme frappée par la foudre (v. 1195),
  commence son monologue, immobile, d'une voix sourde et cassée.

- **Phèdre** est brisée par la nouvelle, comme au sortir d'un cauchemar :
  elle revit le dialogue avec Thésée (v. 1196) ; elle retrouve son état d'âme
  (v. 1200) ; et soudain, c'est le cri de la souffrance qui monte et s'amplifie
  pour s'achever en une sorte de râle au vers 1205.

●●

SCÈNE VI. — PHÈDRE, ŒNONE.

PHÈDRE. — Chère[1] Œnone, sais-tu ce que je viens d'apprendre?

ŒNONE. -1215 Non; mais je viens tremblante[2], à ne vous point mentir.
J'ai pâli du dessein qui vous a fait sortir :
J'ai craint une fureur[3] à vous-même fatale.

PHÈDRE. — Œnone, qui l'eût cru? j'avais une rivale.

ŒNONE. — Comment?

PHÈDRE. — Hippolyte aime, et je n'en puis douter.
1220 Ce farouche ennemi qu'on ne pouvait dompter,
Qu'offensait le respect, qu'importunait la plainte,
Ce tigre, que jamais je n'abordai sans crainte,
Soumis, apprivoisé, reconnaît un vainqueur[4] :
Aricie a trouvé le chemin de son cœur.

ŒNONE. -1225 Aricie?

PHÈDRE. — Ah! douleur non encore éprouvée!
A quel nouveau tourment[5] je me suis réservée!
Tout ce que j'ai souffert, mes craintes, mes transports,
La fureur de mes feux, l'horreur de mes remords,
Et d'un refus cruel l'insupportable injure
1230 N'était qu'un faible essai[6] du tourment que j'endure.
Ils s'aiment! Par quel charme[7] ont-ils trompé mes yeux?
Comment se sont-ils vus? Depuis quand? Dans quels
[lieux?
Tu le savais. Pourquoi me laissais-tu séduire[8]?
De leur furtive[9] ardeur ne pouvais-tu m'instruire?
1235 Les a-t-on vus souvent se parler, se chercher?
Dans le fond des forêts allaient-ils se cacher?
Hélas[10]! ils se voyaient avec pleine licence[11].
Le Ciel de leurs soupirs approuvait l'innocence;
Ils suivaient sans remords leur penchant amoureux;
1240 Tous les jours se levaient clairs et sereins pour eux.

---

1. Étrange résonance de cet adjectif ici. — 2. Voir les v. 1197 et suiv. — 3. Un égarement. — 4. Le langage de la galanterie a presque une valeur littérale ici : le *superbe Hippolyte* est enfin *apprivoisé*; mais c'est par une autre... — 5. Torture. — 6. Première atteinte. — 7. Sens fort : procédé magique, enchantement. — 8. Tromper. — 9. Cachée; comme la passion que Phèdre nourrissait elle-même pour Hippolyte. — 10. Cri de souffrance; ils n'avaient pas besoin de *se cacher*, ils étaient innocents (v. 1238). — 11. Liberté.

Et moi, triste rebut[1] de la nature entière,
Je me cachais au jour, je fuyais la lumière[2];
La mort est le seul Dieu que j'osais implorer.
J'attendais le moment où j'allais expirer.
1245 Me nourrissant de fiel, de larmes abreuvée,
Encor dans mon malheur de trop près observée[3],
Je n'osais dans mes pleurs me noyer à loisir :
Je goûtais en tremblant ce funeste[4] plaisir;
Et sous un front serein déguisant mes alarmes[5],
1250 Il fallait bien souvent me priver de mes larmes.

ŒNONE. — Quel fruit recevront-ils de leurs vaines amours?
Ils ne se verront plus.

PHÈDRE. — Ils s'aimeront toujours.
Au moment que je parle, ah! mortelle pensée!
Ils bravent la fureur d'une amante insensée.
1255 Malgré ce même exil qui va les écarter[6],
Ils font mille serments de ne se point quitter.

---

1. Ce que l'on rejette avec force, avec horreur. — 2. Voir les v. 155 et suiv. — 3. Par les autres : voir le v. 150. — 4. Marqué du signe de la mort. — 5. Inquiétudes, soucis. — 6. Les écarter, l'un de l'autre, les séparer.

●●

- **La jalousie de Phèdre** n'en est encore qu'à son premier moment : la souffrance.

① Étudiez les trois thèmes successivement développés :
— la plainte, d'abord pénétrée d'une sorte d'ironie douloureuse (v. 1214-1224), puis déchirante (v. 1225-1230);
— le retour sur le passé avec ses regrets (v. 1231-1234), son désir de comprendre (v. 1235-1236);
— puis la terrible vérité brusquement découverte : « ils étaient innocents et moi coupable », qui se traduit en visions.

② Comparez les deux tableaux, évoqués par les vers 1237-1250, avec leurs oppositions de mots, d'images, de rythmes.

③ Vous pourrez rapporter à Phèdre (dans cette scène) la réflexion suivante de M. André Rousseaux (*le Monde classique*, I, p. 72) :
Racine a appris à Port-Royal « que tout homme est seul sur la terre en face de Dieu, et que cette solitude peut être vivante si elle est rapportée à Dieu, ou mortelle si elle vit pour elle-même ».

- **Œnone** n'apporte que de bien piètres consolations à sa maîtresse : v. 1252.

④ Conçoit-elle la jalousie de la même manière? Imaginez sa conception.

●●

Non, je ne puis souffrir un bonheur qui m'outrage,
Œnone. Prends pitié de ma jalouse rage.
Il faut perdre [1] Aricie. Il faut de mon époux
1260 Contre un sang odieux [2] réveiller le courroux.
Qu'il ne se borne pas à des peines légères :
Le crime de la sœur passe [3] celui des frères.
Dans mes jaloux transports [4] je le veux implorer [5].
Que fais-je? Où ma raison se va-t-elle égarer?
1265 Moi jalouse! et Thésée est celui que j'implore!
Mon époux est vivant, et moi je brûle [6] encore!
Pour qui? Quel est le cœur où prétendent [7] mes vœux?
Chaque mot sur mon front fait dresser mes cheveux.
Mes crimes désormais ont comblé la mesure.
1270 Je respire à la fois l'inceste et l'imposture [8].
Mes homicides mains, promptes à me venger,
Dans le sang innocent [9] brûlent de se plonger.
Misérable! et je vis? et je soutiens la vue
De ce sacré Soleil dont je suis descendue [10]?
1275 J'ai pour aïeul le père et le maître des Dieux [11];
Le ciel, tout l'univers est plein de mes aïeux [12].
Où me cacher? Fuyons dans la nuit infernale [13].
Mais que dis-je? mon père y tient l'urne fatale [14].
Le Sort, dit-on, l'a mise en ses sévères mains :
1280 Minos juge aux enfers tous les pâles humains [15].
Ah! combien frémira son ombre épouvantée,
Lorsqu'il verra sa fille à ses yeux présentée,
Contrainte d'avouer tant de forfaits divers,
Et des crimes peut-être inconnus aux enfers!
1285 Que diras-tu, mon père, à ce spectacle horrible?
Je crois voir de ta main tomber l'urne terrible;
Je crois te voir, cherchant un supplice nouveau [16]

---

1. Faire périr. — 2. Une race qui a suscité la haine de Thésée; et qui suscite maintenant celle de Phèdre. — 3. Dépasse. — 4. Violents mouvements de jalousie. — 5. Marquer un silence à la lecture. — 6. De passion : langage de la galanterie. — 7. Vers lequel tendent. — 8. Voir le v. 1186; mais le sens est plus fort ici : action de tromper en se faisant passer pour une autre. — 9. Au v. 1262, c'était *le crime de la sœur* : Phèdre retrouve un peu de sa lucidité. — 10. Hélios (le *Soleil*) est son grand-père maternel : voir p. 46, n. 8, et le tableau généalogique, p. 28-29. — 11. Zeus, *père* de Minos, est son grand-père paternel. — 12. Les Titans et leur race personnifiaient tous les éléments cosmiques (*l'univers*). — 13. Des *enfers*. — 14. Virgile (*Énéide*, VI, 432) : « Minos préside et agite *l'urne* »; il s'agit du tirage au sort des jurés pour le jugement des morts. — 15. Les *pallentes umbrae* des Anciens. — 16. Les grands criminels (Ixion, Sisyphe, etc.) étaient condamnés, dans le Tartare, à des *supplices* proportionnés à leurs fautes.

Toi-même de ton sang [1] devenir le bourreau.
Pardonne. Un Dieu cruel a perdu ta famille,
1290 Reconnais sa vengeance aux fureurs [2] de ta fille.
Hélas ! du crime affreux dont la honte me suit
Jamais mon triste [3] cœur n'a recueilli le fruit [4].
Jusqu'au dernier soupir de malheurs poursuivie,
Je rends dans les tourments une pénible [5] vie.

---

1. Ta fille. — 2. Folies, égarements. — 3. Malheureux. — 4. Terrible aveu : si du moins elle avait pu jouir de son amour ! — 5. Comblée de *peines*.

....

● **Phèdre succombe moralement,** sous le poids de sa passion et de l'horreur qu'elle s'inspire à elle-même.
— Sa jalousie devient furie vengeresse (v. 1257-1263); mais qui pourrait la venger? Thésée, qu'elle a trahi? Et de qui? d'Aricie, coupable d'être aimée d'Hippolyte? Impuissance et honte : c'est la voie du désespoir.

① Étudiez le cheminement de Phèdre vers le fond de ce désespoir : fuir le regard des dieux de la lumière, se cacher aux enfers et y expier, mais y trouver son père comme juge suprême : toutes les issues lui sont fermées.

— Il ne reste plus qu'à courber la tête sous le poids des malédictions divines (v. 1289, 1293-1294).

② Analysant le caractère de Phèdre, Roger Pons écrit, à propos des vers 1291 et 1292 :
« C'est, au moment où la logique du remords semblerait justement l'exclure, une dernière poussée de la convoitise bafouée [...]. Ses crises même d'épouvante sacrée — on n'ose dire de repentir — ne sont pas pures [...]. Il y a bien en elle quelque chose de l'amour du pécheur pour un péché qui a compromis sa vie et son salut » (*Procès de l'amour*, p. 34).

③ Et André Gide commente ainsi (*Interviews imaginaires*) ce même passage :
« Ce qu'elle regrette, ce n'est point tant sa passion funeste que de ne l'avoir pas assouvie; et rien ne mériterait mieux d'indigner les âmes pieuses [...]. Oreste parlait déjà dans le même sens du « fruit du crime » (*Andromaque*, v. 778). Car s'il est dur de se sentir damné comme le sont et sentent qu'ils le sont ces douloureux prédestinés, pour eux il est dur surtout de l'être sans avoir pu goûter au crime, sans l'avoir savouré qu'en pensée [...]. Sans doute Racine est pieux; mais son génie dramatique est impie. »

④ Jean-Louis Barrault dit, de cette tirade, qu'elle est « sous le signe du délire »; et il ajoute : « c'est-à-dire de l'extra-lucidité ». Que faut-il entendre par là?

....

ŒNONE. — 1295 Hé ! repoussez, Madame, une injuste[1] terreur.
Regardez d'un autre œil une excusable erreur.
Vous aimez. On ne peut vaincre sa destinée.
Par un charme fatal[2] vous fûtes entraînée.
Est-ce donc un prodige inouï parmi nous ?
1300 L'amour n'a-t-il encor triomphé que de vous[3] ?
La faiblesse aux humains n'est que trop naturelle.
Mortelle, subissez le sort d'une mortelle[4].
Vous vous plaignez d'un joug imposé dès longtemps :
Les Dieux même, les Dieux, de l'Olympe habitants,
1305 Qui d'un bruit si terrible épouvantent les crimes[5],
Ont brûlé quelquefois de feux illégitimes.

PHÈDRE. — Qu'entends-je ! Quels conseils ose-t-on[6] me donner ?
Ainsi donc jusqu'au bout tu veux m'empoisonner,
Malheureuse ? Voilà comme tu m'as perdue[7].
1310 Au jour que je te fuyais c'est toi qui m'as rendue.
Tes prières m'ont fait oublier mon devoir.
J'évitais Hippolyte, et tu me l'as fait voir[8].
De quoi te chargeais-tu ? Pourquoi ta bouche impie
A-t-elle, en l'accusant, osé noircir sa vie ?
1315 Il en mourra peut-être, et d'un père insensé
Le sacrilège vœu peut-être est exaucé.
Je ne t'écoute plus. Va-t'en, monstre exécrable.
Va, laisse-moi le soin de mon sort déplorable.
Puisse le juste Ciel dignement te payer !
1320 Et puisse ton supplice[9] à jamais effrayer
Tous ceux qui, comme toi, par de lâches adresses[10]
Des princes malheureux nourrissent les faiblesses,
Les poussent au penchant où leur cœur est enclin,
Et leur osent du crime aplanir le chemin ;
1325 Détestables flatteurs, présent le plus funeste
Que puisse faire aux rois la colère céleste !

ŒNONE, *seule*. — Ah, Dieux ! pour la servir j'ai tout fait, tout quitté ;
Et j'en reçois ce prix ? Je l'ai bien mérité.

---

1. Sans raison. — 2. Le destin a agi par des voies surnaturelles. — 3. La rime des deux pronoms (*vous*, *nous*) n'est pas une faiblesse : elle souligne les efforts d'Œnone pour ramener Phèdre à la loi *commune* des mortels. — 4. Pour n'avoir pas accepté cette condition, les héros des tragédies antiques étaient châtiés par les dieux. — 5. Rendent *les crimes* « épouvantables » par la réputation (le *bruit*) qu'ils leur font. — 6. Phèdre semble avoir oublié la présence d'Œnone. — 7. Amenée à ma perte. — 8. Aller le *voir*. — 9. Ta mort violente. — 10. Habiletés : l'adjectif donne le sens péjoratif.

- **La condamnation d'Œnone**
  — Elle se justifie par la manière dont la nourrice a poussé Phèdre à satisfaire sa passion depuis l'acte I; par l'idée, qui vient d'elle seule, d'accuser Hippolyte à l'acte III; par ces derniers vers enfin (1295-1306) dont la bassesse révolte Phèdre;
  — Mais Phèdre n'a jamais résisté véritablement (acte I, sc. 3); elle a sollicité l'aide d'Œnone sans la moindre réserve (*je t'avouerai de tout*, v. 811) et elle a accepté d'être complice de sa calomnie (v. 911 et 914-920).

  ① Comparez l'attitude de Phèdre devant Œnone à celle d'Hermione devant Oreste après l'assassinat de Pyrrhus (*Andromaque*, v. 1541 et suiv.).

- **La grandeur de cette scène** tient sans doute à la violence des sentiments de Phèdre; mais Racine y déploie son art dans toute sa richesse.

  ② Étudiez en particulier :
  — le lyrisme (v. 1235 et suiv.);
  — l'intervention du monde surnaturel (les dieux, les enfers, la famille de Phèdre, etc.);
  — le rappel du monde extérieur qui semblait avoir été presque oublié depuis l'acte I.

  ③ « Grandis par le jour fabuleux qui les éclaire, par l'hérédité divine qui rattache Aricie à la Terre, Phèdre au Soleil, ces personnages qui disent nos passions et nos tourments vivent sur un plan qui n'est pas le nôtre, à mi-chemin d'un monde invisible » (Pierre Moreau, *Racine*, p. 142).

  ④ Rapprochez la scène de l'arrivée de Phèdre (acte I, sc. 3) de celle-ci, et montrez comment les ressemblances et les différences nous éclairent sur le drame de Phèdre.

  ⑤ Paul Mesnard, comparant l'*Hippolyte* d'Euripide à la tragédie de Racine, écrivait :
  « Le chef d'œuvre antique apparaît éclairé d'une lumière transparente, sereine comme celle qui dessinait si bien dans toute la pureté de leurs contours les beaux marbres de la sculpture grecque; le chef-d'œuvre moderne a surtout la flamme; ses perspectives ont une étrange profondeur. »
  Vous étudierez le rôle que joue la jalousie, dans cette transformation que Racine a fait subir à la pièce d'Euripide.

ACTE V

Scène première. — HIPPOLYTE, ARICIE[1].

ARICIE. — Quoi ! vous pouvez vous taire en ce péril extrême[2] ?
1330 Vous laissez dans l'erreur un père qui vous aime ?
Cruel[3], si de mes pleurs méprisant le pouvoir,
Vous consentez sans peine à ne me plus revoir,
Partez, séparez-vous de la triste Aricie ;
Mais du moins en partant assurez[4] votre vie.
1335 Défendez votre honneur d'un reproche honteux,
Et forcez votre père à révoquer[5] ses vœux.
Il en est temps encor. Pourquoi, par quel caprice,
Laissez-vous le champ libre à votre accusatrice ?
Éclaircissez Thésée[6].

HIPPOLYTE. Hé ! que n'ai-je point dit ?
1340 Ai-je dû[7] mettre au jour l'opprobre de son lit ?
Devais-je, en lui faisant un récit trop sincère,
D'une indigne rougeur couvrir le front d'un père ?
Vous seule avez percé ce mystère odieux.
Mon cœur pour s'épancher n'a que vous et les Dieux.
1345 Je n'ai pu vous cacher, jugez si je vous aime,
Tout ce que je voulais me cacher à moi-même.
Mais songez sous quel sceau[8] je vous l'ai révélé.
Oubliez, s'il se peut, que je vous ai parlé,
Madame ; et que jamais une bouche si pure
1350 Ne s'ouvre pour conter cette horrible aventure.
Sur l'équité des Dieux osons nous confier[9] :
Ils ont trop d'intérêt à me justifier ;
Et Phèdre, tôt ou tard de son crime punie,
N'en saurait éviter la juste ignominie.
1355 C'est l'unique respect que j'exige de vous.
Je permets tout le reste à mon libre courroux[10].
Sortez de l'esclavage où vous êtes réduite ;
Osez me suivre, osez accompagner ma fuite ;
Arrachez-vous d'un lieu funeste et profané[11],

---

1. Ismène est présente : Aricie s'adressera à elle au v. 1413. — 2. Hippolyte vient donc de révéler à Aricie l'amour de Phèdre et la calomnie d'Œnone. — 3. Terme de galanterie ; il n'est ici qu'un tendre reproche ; de même, au vers suivant : *sans peine*. — 4. Mettez en sécurité. — 5. Annuler. — 6. Révélez-lui la vérité. — 7. Valeur de conditionnel : aurais-je dû ; de même, au vers suivant : *Devais-je*. — 8. Le *sceau* du secret qu'Hippolyte a fait jurer à Aricie. — 9. Avoir *confiance* en. — 10. Hippolyte se sent libre de tout faire pour échapper à Phèdre et à Thésée. — 11. Images de mort et de sacrilège ; qu'est devenue *l'aimable Trézène* du v. 2 ?

102

1360 Où la vertu respire un air empoisonné ;
Profitez, pour cacher votre prompte retraite [1],
De la confusion que ma disgrâce y jette.
Je vous puis de la fuite assurer les moyens.
Vous n'avez jusqu'ici de gardes que les miens [2] ;
1365 De puissants défenseurs prendront notre querelle [3] ;
Argos nous tend les bras, et Sparte nous appelle [4].
A nos amis communs portons nos justes cris ;
Ne souffrons pas que Phèdre, assemblant nos débris,
Du trône paternel [5] nous chasse l'un et l'autre,
1370 Et promette à son fils ma dépouille et la vôtre.
L'occasion est belle, il la faut embrasser.
Quelle peur vous retient ? Vous semblez balancer [6] ?
Votre seul intérêt m'inspire cette audace.
Quand je suis tout de feu, d'où vous vient cette glace [7] ?
1375 Sur les pas d'un banni craignez-vous de marcher ?

---

1. Départ, fuite. — 2. Puisque Trézène l'a reconnu comme roi (v. 394). — 3. *Prendre la querelle* de quelqu'un, c'est prendre parti pour lui. — 4. Par hostilité à l'égard d'Athènes ? cela ne pourrait être vrai que pour Sparte, mais aux temps historiques. — 5. Le *trône* d'Athènes revient en effet soit à Hippolyte, par son père Thésée, soit à Aricie, par son père Pallas : voir p. 41, n. 2. — 6. Hésiter. — 7. Images du style galant qui opposent la résolution d'Hippolyte aux hésitations d'Aricie.

■■ ■ ■■

● **La tragédie politique** réapparaît — Hippolyte, banni par Thésée et libre à son égard comme il l'est à l'égard de Phèdre, va tenter de reprendre le trône d'Athènes au fils de Phèdre, au besoin avec l'appui d'autres cités du Péloponnèse : c'est ce que l'abbé d'Aubignac appelait une « seconde histoire » ou un « épisode ».

① On pourra appliquer à *Phèdre* les lignes suivantes :
« La seconde histoire ne doit pas être égale, en son sujet non plus qu'en sa nécessité, à celle qui sert de fondement à tout le poème, mais lui être subordonnée et en dépendre de telle sorte que les événements du principal sujet fassent naître les passions de l'épisode et que la catastrophe du premier produise naturellement et de soi-même celle du second » (abbé d'Aubignac, *Pratique du théâtre*).

● **La confiance d'Hippolyte** en son innocence et en la justice des Dieux ajoute au pathétique de la situation.

② Montrez-le, en particulier aux vers 1351-1354.

■■

ARICIE. — Hélas! qu'un tel exil, Seigneur, me serait cher[1]!
Dans quels ravissements, à votre sort liée[2],
Du reste des mortels je vivrais oubliée!
Mais n'étant point unis par un lien si doux,
1380 Me puis-je avec honneur dérober[3] avec vous?
Je sais que sans blesser l'honneur le plus sévère,
Je me puis affranchir des mains de votre père :
Ce n'est point m'arracher du sein de mes parents[4];
Et la fuite est permise à qui fuit ses tyrans,
1385 Mais vous m'aimez, Seigneur; et ma gloire[5] alarmée...

HIPPOLYTE. — Non, non, j'ai trop de soin de votre renommée.
Un plus noble dessein m'amène devant vous :
Fuyez vos ennemis, et suivez votre époux[6].
Libres[7] dans nos malheurs, puisque le Ciel l'ordonne,
1390 Le don de notre foi ne dépend de personne[8].
L'hymen n'est point toujours entouré de flambeaux[9].
   Aux portes de Trézène, et parmi ces[10] tombeaux,
Des princes de ma race antiques sépultures[11],
Est un temple sacré, formidable aux parjures.
1395 C'est là que les mortels n'osent jurer en vain :
Le perfide[12] y reçoit un châtiment soudain;
Et craignant d'y trouver la mort inévitable,
Le mensonge n'a point de frein plus redoutable.
Là, si vous m'en croyez, d'un amour éternel
1400 Nous irons confirmer le serment solennel;
Nous prendrons à témoin le Dieu qu'on y révère;
Nous le prierons tous deux de nous servir de père.
Des Dieux les plus sacrés j'attesterai[13] le nom.
Et la chaste Diane, et l'auguste Junon[14],

---

1. Rime normande : voir p. 84, n. 8. — 2. Si mon sort était *lié* au vôtre par le mariage. —
3. M'enfuir. — 4. Le sentiment de son devoir (*l'honneur*, v. 1381) interdit à une jeune fille
de quitter ses *parents* sans leur assentiment. — 5. C'est le mot des héros de Corneille (cf.
Pauline dans *Polyeucte*, v. 550). — 6. Celui que vous pouvez désormais considérer comme *votre
époux*. — 7. L'adjectif se rapporte à *nous*, dans *nos* et *notre*. — 8. Puisque Aricie
est orpheline et qu'Hippolyte a été renié par son père. — 9. Les cérémonies grecques du
mariage se prolongeaient jusqu'à la tombée du jour et se terminaient par un cortège : on
reconduisait les jeunes époux à la lueur des torches. — 10. Valeur du latin *illi : ces tombeaux*
que vous connaissez bien. — 11. Les fouilles modernes confirment l'existence de somptueux
monuments funéraires aux portes des cités archaïques (Mycènes par exemple). — 12. Parjure; mais c'est le mot par lequel Thésée insultait son fils (v. 1023, 1044). — 13. Je pren-
drai à témoin (lat. *testari*). — 14. *Diane* (Artémis) est la déesse de la chasse qu'Hippolyte
révère; *Junon* (Héra) est la déesse protectrice des épouses et du foyer; les épithètes, à la
manière homérique, donnent de la solennité aux paroles d'Hippolyte.

¹⁴⁰⁵ Et tous les Dieux enfin, témoins de mes tendresses[1],
Garantiront la foi de mes saintes[2] promesses.

ARICIE. — Le Roi vient. Fuyez, Prince, et partez promptement.
Pour cacher mon départ, je demeure un moment.
Allez; et laissez-moi quelque fidèle guide,
¹⁴¹⁰ Qui conduise vers vous ma démarche timide.

SCÈNE II. — THÉSÉE, ARICIE, ISMÈNE.

THÉSÉE. — Dieux, éclairez mon trouble[3], et daignez à mes yeux
Montrer la vérité, que je cherche en ces lieux.

ARICIE. — Songe à tout, chère Ismène, et sois prête à la fuite.

---

1. Mon amour. — 2. Sacrées; ce serment tiendra donc lieu de la promesse solennelle par laquelle un prétendant s'engageait à l'égard du père de sa fiancée; les dieux eux-mêmes le recevront à la place de celui-ci (voir le v. 1402). — 3. Aricie et Hippolyte ensemble, est-ce donc la preuve qu'ils s'aiment et qu'Hippolyte avait dit vrai? Thésée s'inquiète.

■■

● **La pudeur d'Aricie :** elle hésite à fuir avec un homme qui n'est pas solennellement engagé envers elle par une promesse de mariage : sa *gloire* est *alarmée* (v. 1385). De nombreux critiques ont raillé dans ce trait sa timidité, voire sa « sottise ». Mais ne faut-il pas tenir compte du souci qu'avait Racine des bienséances chères au XVIIᵉ siècle?

① Il y a, dans le théâtre classique, bien des traits qui relèvent de la même réserve : pouvez-vous en citer quelques-uns?

● **Les « noces spirituelles »** d'Hippolyte et d'Aricie sont ici évoquées avec une sorte de ferveur.

② Relevez ce qui prend une signification religieuse et solennelle dans les vers 1392-1406.

③ Montrez comment s'accuse, dans cette scène, le contraste entre l'amour d'Hippolyte et d'Aricie et celui de Phèdre pour Hippolyte — et cela au moment même où le jeune héros va mourir.

④ Les spectateurs ne verront plus Hippolyte. Sur quelle image Racine a-t-il voulu les laisser? Pourquoi?

● **La scène première est le dernier répit** avant que renaisse la tension dramatique qui va conduire au dénouement. C'est un nouvel exemple de cette alternance des moments de violence et d'apaisement que Racine a ménagés dans la pièce.

⑤ Cherchez-en d'autres exemples.

■■

SCÈNE III. — THÉSÉE, ARICIE.

THÉSÉE. — Vous changez de couleur, et semblez interdite,
1415 Madame! Que faisait Hippolyte en ce lieu?

ARICIE. — Seigneur, il me disait un éternel adieu.

THÉSÉE. — Vos yeux ont su dompter ce rebelle courage[1];
Et ses premiers soupirs sont votre heureux ouvrage.

ARICIE. — Seigneur, je ne vous puis nier la vérité :
1420 De votre injuste haine il n'a pas hérité;
Il ne me traitait point comme une criminelle[2].

THÉSÉE. — J'entends : il vous jurait une amour éternelle.
Ne vous assurez point sur ce cœur inconstant;
Car à d'autres que vous il en jurait autant.

ARICIE. 1425 Lui, Seigneur?

THÉSÉE. Vous deviez[3] le rendre moins volage :
Comment souffriez-vous cet horrible partage[4]?

ARICIE. — Et comment souffrez-vous que d'horribles discours[5]
D'une si belle vie osent noircir le cours?
Avez-vous de son cœur si peu de connaissance?
1430 Discernez-vous si mal le crime et l'innocence?
Faut-il qu'à vos yeux seuls un nuage odieux[6]
Dérobe sa vertu qui brille à tous les yeux?
Ah! c'est trop le livrer à des langues perfides[7].
Cessez. Repentez-vous de vos vœux homicides;
1435 Craignez, Seigneur, craignez que le Ciel rigoureux
Ne vous haïsse assez pour exaucer vos vœux.
Souvent dans sa colère il reçoit nos victimes;
Ses présents sont souvent la peine de nos crimes.

THÉSÉE. — Non, vous voulez en vain couvrir son attentat[8] :
1440 Votre amour vous aveugle en faveur de l'ingrat.
Mais j'en crois des témoins certains, irréprochables :
J'ai vu, j'ai vu couler des larmes véritables[9].

---

1. Cœur. — 2. Même litote chez Chimène : « Va, je ne te hais point » (*le Cid*, v. 963); Thésée traduit, au vers 1422, la litote utilisée par Aricie. — 3. Sens conditionnel : auriez dû. — 4. Entre son amour pour Phèdre et son amour pour vous : c'est une insulte. — 5. Paroles. — 6. L'adjectif adoucit le relief de l'image. — 7. Expression assez basse pour qualifier Œnone. — 8. Violence contraire aux lois morales. — 9. Celles de Phèdre peut-être : mais elles peuvent signifier autre chose que ce que Thésée a cru y voir.

ARICIE. — Prenez garde, Seigneur. Vos invincibles mains
Ont de monstres sans nombre affranchi les humains;
1444 Mais tout n'est pas détruit, et vous en laissez vivre
Un [1]... Votre fils, Seigneur, me défend de poursuivre.
Instruite du respect [2] qu'il veut vous conserver,
Je l'affligerais trop si j'osais achever.
J'imite sa pudeur [3], et fuis votre présence
1450 Pour n'être pas forcée à rompre le silence.

SCÈNE IV. — THÉSÉE, *seul.*

THÉSÉE. — Quelle est donc sa pensée? et que cache un discours
Commencé tant de fois, interrompu toujours?
Veulent-ils m'éblouir [4] par une feinte vaine?
Sont-ils d'accord tous deux pour me mettre à la gêne [5]?
1455 Mais moi-même, malgré ma sévère rigueur,
Quelle plaintive voix crie au fond de mon cœur?
Une pitié secrète et m'afflige et m'étonne [6].
Une seconde fois interrogeons Œnone.
Je veux de tout le crime être mieux éclairci.
1460 Gardes, qu'Œnone sorte [7], et vienne seule ici.

---

1. Force du rejet : c'est le point de tension extrême de la scène. — 2. Voir v. 1355. —
3. Réserve, discrétion. — 4. M'étourdir, m'aveugler. — 5. A la torture : c'est la *géhenne*
biblique. — 6. Ébranle mon esprit. — 7. Du palais.

- -

- **Une nouvelle Aricie paraît** : « la sœur des cruels Pallantides ».

① Étudiez tout ce qui donne au personnage une soudaine grandeur :
l'habileté (mensonge du v. 1416); la colère répondant à l'injure (v. 1427);
la défense d'Hippolyte; les menaces, et cette demi-révélation, interrompue
par un terrible effort de volonté (v. 1446).

- **Thésée est vaincu** — Le doute, né en lui à la vue d'Hippolyte et Aricie
ensemble, ne cesse de grandir, jusqu'au moment où leur aveu ne fait
plus de doute pour lui; mais la vérité totale est lente à se faire jour.

② Analysez ce qui explique et traduit cette progression.

- **L'action rebondit** une dernière fois aux v. 1457-1460 : mais il est trop
tard et le destin s'accomplit.

- -

Scène V. — THÉSÉE, PANOPE.

PANOPE. — J'ignore le projet que la Reine médite,
Seigneur, mais je crains tout du transport qui l'agite.
Un mortel désespoir sur son visage est peint[1] ;
La pâleur de la mort est déjà sur son teint[2].
1465 Déjà, de sa présence avec honte chassée,
Dans la profonde mer Œnone s'est lancée[3].
On ne sait point d'où part[4] ce dessein furieux ;
Et les flots pour jamais l'ont ravie à nos yeux.

THÉSÉE. — Qu'entends-je ?

PANOPE. — Son trépas n'a point calmé la Reine :
1470 Le trouble semble croître en son âme incertaine[5].
Quelquefois, pour flatter[6] ses secrètes douleurs,
Elle prend ses enfants et les baigne de pleurs ;
Et soudain, renonçant[7] à l'amour maternelle,
Sa main avec horreur les repousse loin d'elle.
1475 Elle porte au hasard ses pas irrésolus ;
Son œil tout égaré ne nous reconnaît plus.
Elle a trois fois écrit ; et changeant de pensée,
Trois fois elle a rompu[8] sa lettre commencée.
Daignez la voir, Seigneur ; daignez la secourir.

THÉSÉE. 1480 Ô Ciel ! Œnone est morte, et Phèdre veut mourir ?
Qu'on rappelle mon fils, qu'il vienne se défendre !
Qu'il vienne me parler, je suis prêt de[9] l'entendre.
Ne précipite point tes funestes bienfaits[10],
Neptune ; j'aime mieux n'être exaucé jamais.
1485 J'ai peut-être trop cru des témoins peu fidèles,
Et j'ai trop tôt vers toi levé mes mains cruelles[11].
Ah ! de quel désespoir mes vœux seraient suivis !

---

1. Même mouvement et mêmes accents qu'à la scène 2 de l'acte I. — 2. Pris ici dans le sens de : visage. — 3. Il y a dans le mot une idée d'effort que n'aurait pas marqué *s'est jetée*. — 4. D'où est venu. — 5. Égarée. — 6. Apaiser. — 7. Accord du participe avec le sujet implicite : Phèdre. — 8. Brisé, s'il s'agit d'une tablette, comme chez Euripide ; mais le verbe s'employait au XVIIe s. avec le sens de : déchirer. — 9. Prêt à. — 10. Qui apportent la mort : remarquer la force de l'antithèse. — 11. Attitude du suppliant antique lorsqu'il s'adressait aux dieux.

SCÈNE VI. — THÉSÉE, THÉRAMÈNE.

THÉSÉE. — Théramène, est-ce toi? Qu'as-tu fait de mon fils[1]?
Je te l'ai confié dès l'âge le plus tendre[2].
1490 Mais d'où naissent les pleurs que je te vois répandre?
Que fait mon fils?

THÉRAMÈNE. — Ô soins[3] tardifs et superflus!
Inutile tendresse! Hippolyte n'est plus. *rythme*

THÉSÉE. — Dieux!

THÉRAMÈNE. — J'ai vu des mortels périr le plus aimable[4],
Et j'ose dire encor[5], Seigneur, le moins coupable.

THÉSÉE. — 1495 Mon fils n'est plus? Hé quoi! quand[6] je lui tends les
[bras,
Les Dieux impatients ont hâté son trépas?
Quel coup me l'a ravi? quelle foudre[7] soudaine?

---

1. Rime normande : voir p. 84, n. 8, et p. 104, n. 1. — 2. Voir les v. 73 et suiv. — 3. Préoccupations, inquiétudes. — 4. Sens étymologique : digne d'être *aimé*. — 5. Aussi. — 6. Au moment où. — 7. Coup du destin.

●●●

- **Panope** est la messagère de la mort : elle n'était apparue que pour annoncer (v. 319) — à tort d'ailleurs — la mort de Thésée. Mais elle prend ici (sc. 5) la place d'Œnone disparue, et c'est une nouvelle lamentation sur la Reine mourante.

- **Le pathétique est à son comble**

  ① Relevez tous les termes qui évoquent la mort dans ces vers, les cris des personnages, les questions qui se pressent, les rythmes haletants.

- **L'agitation emplit le théâtre :** Thésée appelle ses gardes, Panope entre puis ressort, Thésée se précipite. Mais l'arrivée de Théramène fige tous les mouvements.

  ② Comment régleriez-vous la mise en scène de cette arrivée?
  — lente et funèbre, comme le veut Jean-Louis Barrault pour qui « Théramène ne pleure pas; si son visage est ruisselant de larmes c'est qu'il a pleuré; Théramène a déjà dépassé sa période d'agitation »?
  — comme chez Sénèque où le chœur l'évoque ainsi : « Mais pourquoi ce messager accourt-il d'un pas précipité et inonde-t-il de larmes de deuil son visage désolé »?

●●●

THÉRAMÈNE [1]. — A peine nous sortions des portes de Trézène [2],
    Il était sur son char [3]; ses gardes affligés
1500 Imitaient son silence, autour de lui rangés;
    Il suivait tout pensif le chemin de Mycènes;
    Sa main sur ses chevaux laissait flotter les rênes [4].
    Ses superbes [5] coursiers, qu'on voyait autrefois
    Pleins d'une ardeur si noble obéir à sa voix,
1505 L'œil morne maintenant et la tête baissée,
    Semblaient se conformer à sa triste pensée.
    Un effroyable cri, sorti du fond des flots [6],
    Des airs en ce moment a troublé le repos;
    Et du sein de la terre une voix formidable
1510 Répond [7] en gémissant à ce cri redoutable.
    Jusqu'au fond de nos cœurs notre sang s'est glacé;
    Des coursiers attentifs [8] le crin s'est hérissé.
    Cependant sur le dos [9] de la plaine liquide
    S'élève à gros bouillons une montagne humide;
1515 L'onde [10] approche, se brise, et vomit à nos yeux,
    Parmi les flots d'écume, un monstre furieux.
    Son front large est armé de cornes menaçantes [11];
    Tout son corps est couvert d'écailles jaunissantes;
    Indomptable taureau, dragon impétueux,
1520 Sa croupe se recourbe en replis tortueux [12].
    Ses longs mugissements font trembler le rivage.
    Le ciel avec horreur voit ce monstre sauvage;
    La terre s'en émeut, l'air en est infecté;
    Le flot, qui l'apporta, recule épouvanté [13].
1525 Tout [14] fuit: et sans s'armer d'un courage inutile,
    Dans le temple voisin [15] chacun cherche un asile.
    Hippolyte lui seul, digne fils d'un héros,
    Arrête ses coursiers, saisit ses javelots,

---

1. Le récit de Théramène, réputé trop long, peut être sauvé à la lecture si l'on veut bien observer les variations de rythme que le poète a ménagées et qui traduisent les sentiments de Théramène. — 2. Pour se rendre au *temple sacré, formidable aux parjures* (v. 1394) où devait le rejoindre Aricie. — 3. C'est Hippolyte en majesté. — 4. Le rythme est lent, comme la marche du cortège. — 5. Altiers; *coursiers* est le mot noble. — 6. Le royaume de Neptune. — 7. Comme un écho au cri sorti de la mer. — 8. Devenus *attentifs :* opposition à l'image du v. 1505. — 9. Expressions directement traduites du latin; *dorsum immane, aquae mons* sont chez Virgile (*Énéide*, I). — 10. La vague. — 11. Comme celui du Minotaure. — 12. Images par lesquelles Virgile décrit (*Énéide*, II, 208) les monstres qui viennent étouffer Laocoon et dévorer ses enfants. — 13. L'horreur qui saisit tous les éléments atteste le caractère surnaturel du monstre. — 14. *Tout* le monde. — 15. Celui auprès duquel avaient rendez-vous Hippolyte et Aricie, ou le célèbre temple de Poséidon (Neptune) à Trézène.

PANOPE. — *Elle expire, Seigneur!*
THÉSÉE. —   *D'une action si noire*
        Que ne peut avec elle expirer la mémoire! (V, 7, v. 1645-46)
Alain Cuny (PANOPE) et Maria Casarès au T.N.P., Strasbourg 1957

Pousse [1] au monstre, et d'un dard lancé d'une main sûre,
1530 Il lui fait dans le flanc une large blessure.
De rage et de douleur le monstre bondissant
Vient aux pieds des chevaux tomber en mugissant,
Se roule, et leur présente une gueule enflammée,
Qui les couvre de feu, de sang et de fumée.
1535 La frayeur les emporte; et sourds à cette fois [2],
Ils ne connaissent plus ni le frein [3] ni la voix.
En efforts impuissants leur maître se consume;
Ils rougissent le mors d'une sanglante écume.
On dit qu'on a vu même, en ce désordre affreux,
1540 Un Dieu qui d'aiguillons pressait leur flanc poudreux [4].
A travers des rochers la peur les précipite;
L'essieu crie et se rompt [5]. L'intrépide Hippolyte
Voit voler en éclats tout son char fracassé;
Dans les rênes lui-même il tombe embarrassé.
1545 Excusez ma douleur. Cette image cruelle
Sera pour moi de pleurs une source éternelle.
J'ai vu, Seigneur, j'ai vu votre malheureux fils
Traîné par les chevaux que sa main a nourris.
Il veut les rappeler, et sa voix les effraie;
1550 Ils courent. Tout son corps n'est bientôt qu'une plaie.
De nos cris douloureux la plaine retentit.
Leur fougue impétueuse enfin se ralentit :
Ils s'arrêtent, non loin de ces tombeaux antiques [6]
Où des rois ses aïeux sont les froides reliques [7].
1555 J'y cours en soupirant [8], et sa garde me suit.
De son généreux [9] sang la trace nous conduit :
Les rochers en sont teints; les ronces dégouttantes [10]
Portent de ses cheveux les dépouilles [11] sanglantes.
J'arrive, je l'appelle; et me tendant la main,
1560 Il ouvre un œil mourant, qu'il referme soudain [12].

---

1. Charge le monstre comme on charge un ennemi : langage militaire. — 2. Sourds *cette fois* (sans préposition aujourd'hui). — 3. Sens propre, comme *rênes, mors, essieu,* dans les vers suivants : Théramène est un maître de cavalerie. — 4. Couvert de poussière : mot noble. — 5. Effet de sonorités et de rythme. — 6. Hippolyte les avait indiqués à Aricie, aux v. 1392-1393. — 7. Restes, cendres. — 8. En poussant des gémissements. — 9. De noble race (lat. *genus*). — 10. Qui laissent tomber des *gouttes* de sang : le mot n'a rien de péjoratif. — 11. Sens très large : les restes. — 12. Aussitôt.

« Le Ciel, dit-il, m'arrache une innocente vie.
» Prends soin après ma mort de la triste Aricie.
» Cher ami, si mon père un jour désabusé[1]
» Plaint le malheur d'un fils faussement accusé,
1565 » Pour apaiser mon sang et mon ombre plaintive[2],
» Dis-lui qu'avec douceur il traite sa captive;
» Qu'il lui rende... » A ce mot ce héros expiré[3]
N'a laissé dans mes bras qu'un corps défiguré,
Triste objet, où des Dieux triomphe la colère,
1570 Et que méconnaîtrait[4] l'œil même de son père.

---

1. Détrompé. — 2. Pour les Anciens, le sang des innocents injustement tués crie vengeance et leurs ombres tourmentent les assassins (cf. Oreste à la fin d'*Andromaque*). — 3. Participe passé qui marque l'état. — 4. Ne pourrait reconnaître.

- **Le mouvement du monologue**

① Étudiez les changements de rythme selon que Théramène évoque par exemple le cortège, le monstre, Hippolyte traîné par ses chevaux, Hippolyte mourant.

- **Les images** sont étonnamment variées : majestueuses (v. 1499), épiques (v. 1513-14), baroques (v. 1517-20)...

② Montrez comment le récit pourrait être découpé en une succession de tableaux, comme les séquences d'un film.

- **Les sonorités** témoignent d'un soin particulier du poète : rimes répétées (v. 1515-20); allitérations (v. 1520, 1542...); accumulations de sonorités perçantes (sons en *i* dans les rimes des v. 1547 à 1556).

- **Le récit** se trouve déjà, mais plus long, dans Euripide et dans Sénèque. La comparaison avec celui de Racine inspire à M. Antoine Adam la remarque suivante :

③ « Ce récit marque l'effort de Racine pour introduire dans notre langue dramatique les beautés du style orné d'Euripide et, de façon plus générale, de la poésie antique » (*Histoire de la littérature française au XVIIe siècle*, IV, p. 402, n.).

④ « Le récit de Théramène est une oraison funèbre, un hommage à la grandeur d'âme d'Hippolyte, que le père se doit d'écouter en silence et dans l'amertume d'une douleur qu'il offre à la divinité en expiation de son imprudence [...]. Tous les auditeurs communient dans la même émotion » (Jacques Scherer, *la Dramaturgie classique*, p. 241). Expliquez et discutez ce jugement.

THÉSÉE. — Ô mon fils ! cher espoir que je me suis ravi !
Inexorables [1] Dieux, qui m'avez trop servi !
A quels mortels regrets ma vie est réservée !

THÉRAMÈNE. — La timide Aricie est alors arrivée.
1575 Elle venait, Seigneur, fuyant votre courroux,
A la face des Dieux l'accepter pour époux [2].
Elle approche : elle voit l'herbe rouge et fumante ;
Elle voit (quel objet [3] pour les yeux d'une amante !)
Hippolyte étendu, sans forme et sans couleur.
1580 Elle veut quelque temps [4] douter de son malheur,
Et ne connaissant plus [5] ce héros qu'elle adore,
Elle voit Hippolyte et le demande encore [6].
Mais trop sûre à la fin qu'il est devant ses yeux,
Par un triste regard elle accuse les Dieux,
1585 Et froide, gémissante, et presque inanimée [7],
Aux pieds de son amant elle tombe pâmée [8].
Ismène est auprès d'elle ; Ismène, toute en pleurs,
La rappelle à la vie, ou plutôt aux douleurs.
Et moi, je suis venu, détestant [9] la lumière,
1590 Vous dire d'un héros la volonté dernière,
Et m'acquitter, Seigneur, du malheureux emploi [10]
Dont son cœur expirant s'est reposé sur moi.
Mais j'aperçois venir sa mortelle [11] ennemie.

SCÈNE VII. — THÉSÉE, PHÈDRE, THÉRAMÈNE, PANOPE,
GARDES.

THÉSÉE. — Hé bien ! vous triomphez, et mon fils est sans vie.
1595 Ah ! que j'ai lieu de craindre [12] ! et qu'un cruel soupçon,
L'excusant dans mon cœur, m'alarme avec raison !
Mais, Madame, il est mort, prenez votre victime :
Jouissez de sa perte, injuste ou légitime.

---

1. Le mot doit être pris ici dans le sens de : cruels ; les dieux n'ont en effet que trop exaucé sa prière. — 2. Voir les v. 1399-1406. — 3. Spectacle. — 4. Quelques instants. — 5. *Ne* reconnaissant *plus*. — 6. Malgré tout. — 7. Sens fort : sans vie. — 8. Évanouie. — 9. Maudissant (lat. *detestari*). — 10. Mission, tâche : il s'agit du sort d'Aricie (v. 1562-1567). — 11. Qui a causé sa *mort*. — 12. Le verbe est employé ici absolument : tournure peu usuelle. Même idée qu'aux vers 1480-1487.

Je consens que mes yeux soient toujours abusés [1].
1600 Je le crois criminel, puisque vous l'accusez.
Son trépas à mes pleurs offre assez de matières,
Sans que j'aille chercher d'odieuses lumières [2],
Qui ne pouvant le rendre à ma juste douleur,
Peut-être ne feraient qu'accroître mon malheur.
1605 Laissez-moi, loin de vous et loin de ce rivage [3],
De mon fils déchiré fuir la sanglante image.
Confus [4], persécuté d'un [5] mortel souvenir,
De l'univers entier je voudrais me bannir.
Tout semble s'élever contre mon injustice.
1610 L'éclat de mon nom même augmente mon supplice.
Moins connu des mortels, je me cacherais mieux.
Je hais jusques au soin dont m'honorent les Dieux;
Et je m'en vais pleurer leurs faveurs meurtrières [6],
Sans plus les fatiguer d'inutiles prières;
1615 Quoi qu'ils fissent pour moi, leur funeste [7] bonté
Ne me saurait payer de ce qu'ils m'ont ôté.

---

1. Trompés; Thésée ne veut pas « voir » Phèdre coupable. — 2. Des éclaircissements qui me feraient horreur. — 3. Le mot est pris au sens large, mais il évoque aussi les lieux où est mort Hippolyte. — 4. Plein de trouble. — 5. Poursuivi par. — 6. Même antithèse qu'au v. 1483 : c'est devenu pour Thésée une sorte de hantise. — 7. Qui a apporté la mort.

• **Les tonalités** sont sourdes et comme étouffées : après les grands éclats du récit, les vers que Théramène consacre à Aricie (v. 1574 et suiv.) sont plus simples, plus pathétiques aussi. Ils se terminent sur un ton d'oraison funèbre.

• **Le désespoir de Thésée** — Les vers 1571-1573 sont une lamentation : Thésée exprime sa douleur et non pas sa colère; son abattement est total.

① Analysez le sentiment qui s'exprime dans les vers 1599-1604; montrez combien Thésée est éloigné des sentiments qui animaient le redresseur de torts, le héros épris de vérité qu'il était, par exemple, à l'acte III, sc. 5.

② Il semble devenu brusquement un vieillard qui n'a plus rien à attendre de la vie : comment se traduit ce vieillissement à partir du vers 1605?

PHÈDRE. — Non, Thésée, il faut rompre un injuste[1] silence :
Il faut à votre fils rendre son innocence.
Il n'était point coupable.

THÉSÉE.   Ah! père infortuné!
1620 Et c'est sur votre foi[2] que je l'ai condamné!
Cruelle, pensez-vous être assez excusée...

PHÈDRE. — Les moments me sont chers[3], écoutez-moi, Thésée.
C'est moi qui sur ce fils chaste et respectueux
Osai jeter un œil profane[4], incestueux.
1625 Le Ciel mit dans mon sein une flamme funeste;
La détestable Œnone[5] a conduit tout le reste.
Elle a craint qu'Hippolyte, instruit de ma fureur[6]
Ne découvrît[7] un feu qui lui faisait horreur.
La perfide[8], abusant de ma faiblesse extrême,
1630 S'est hâtée à vos yeux de l'accuser lui-même.
Elle s'en est punie, et, fuyant mon courroux,
A cherché dans les flots un supplice trop doux.
Le fer aurait déjà tranché ma destinée;
Mais je laissais[9] gémir[10] la vertu soupçonnée.
1635 J'ai voulu, devant vous exposant[11] mes remords,
Par un chemin plus lent descendre chez les morts.
J'ai pris, j'ai fait couler dans mes brûlantes[12] veines
Un poison que Médée[13] apporta dans Athènes.
Déjà jusqu'à mon cœur le venin parvenu
1640 Dans ce cœur expirant jette un froid inconnu;
Déjà je ne vois plus qu'à travers un nuage
Et le ciel et l'époux que ma présence outrage;
Et la mort, à mes yeux dérobant la clarté,
Rend au jour, qu'ils souillaient, toute sa pureté.

PANOPE. 1645 Elle expire, Seigneur!

THÉSÉE.   D'une action si noire

---

1. Qui ne rendrait pas *justice* à l'innocent. — 2. La confiance que j'avais en vous. — 3. Précieux. — 4. Le mot est repris une dernière fois, dans la tragédie, mais pour qualifier Phèdre, non plus Hippolyte comme au v. 1037. — 5. Raccourci étonnant : *le Ciel... Œnone*; que reste-t-il à la charge de Phèdre? — 6. Folle passion. — 7. Révélât à Thésée. — 8. Au sens très large car Œnone a plutôt péché par une fidélité aveugle à sa maîtresse. — 9. J'aurais laissé. — 10. Se plaindre de l'injustice : expression hardie. — 11. Dévoilant. — 12. Encore sous l'effet de la passion. — 13. *Petite-fille du Soleil*, comme Phèdre (voir le tableau généalogique, p. 28-29), elle était venue à Athènes auprès d'Égée et avait tenté de faire périr Thésée; elle fut, dans toute l'Antiquité, le type de la magicienne.

Que ne peut avec elle expirer la mémoire [1] !
Allons, de mon erreur, hélas ! trop éclaircis [2],
Mêler nos pleurs au sang de mon malheureux fils.
Allons de ce cher fils embrasser ce qui reste,
1650 Expier la fureur d'un vœu que je déteste.
Rendons-lui les honneurs qu'il a trop mérités ;
Et pour mieux apaiser ses mânes [3] irrités,
Que malgré les complots d'une injuste famille [4],
Son amante aujourd'hui me tienne lieu de fille.

---

1. Le souvenir. — 2. Informés, détrompés. — 3. Anachronisme : ce sont les Romains qui désignaient ainsi les âmes des morts. — 4. Les Pallantides, auxquels Thésée ne saurait pardonner, comme il le fait pour Aricie.

●●●

● **La confession de Phèdre** est murmurée comme dans un souffle : toute cette fin est un retour au calme et à la paix.
Phèdre veut réhabiliter Hippolyte innocent : tout doit être en ordre avant qu'elle ne meure (v. 1642-1644) ; mais elle se confesse sans se repentir car elle ne se sent pas responsable : les coupables sont les dieux et sa nourrice (v. 1625-26) ; elle n'a été elle-même que le jouet de cette double incarnation du destin.

① La culpabilité d'Œnone est-elle entière (voir en particulier les sc. 1 et 3 de l'acte III, la sc. 1 de l'acte IV)?

② « Phèdre n'est ni tout à fait coupable, ni tout à fait innocente », prononce Racine dans sa Préface (voir p. 32, l. 11).
Qu'en pensez-vous ?

● **Le vers 1644** achève, sur des accents d'une grande intensité poétique, le développement du thème lyrique de la lumière.

●●●

qu'Hippolyte a remarqué

ÉTUDE DE « PHÈDRE »

1. Comment on a jugé la tragédie au cours des siècles

XVIIᵉ siècle — La cabale des ennemis de Racine, la tragédie rivale de Pradon (voir p. 17), la querelle des sonnets (p. 18), le silence de Racine au théâtre après 1677 ont attiré l'attention des contemporains du poète sur *Phèdre* plus que sur aucune autre de ses tragédies. Mais leurs jugements sont rarement objectifs.

Une *Dissertation sur les tragédies de « Phèdre et Hippolyte »*, attribuée avec beaucoup de vraisemblance à SUBLIGNY, multiplie avec complaisance des querelles de détail et des reproches souvent ineptes; on y trouve cependant la première condamnation du récit de Théramène, jugé trop long et trop orné; du moins l'auteur sait-il reconnaître à Racine le mérite d'avoir fait de Phèdre, à la différence de Pradon, l'épouse de Thésée. Le même éloge se trouve chez DONNEAU DE VISÉ, qui se garde cependant bien de prendre parti dans la querelle qui divisait l'opinion à propos des deux poètes; il est vrai qu'il avait appuyé, avec le *Mercure galant*, la pièce de Pradon et que celle-ci glissait peu à peu dans l'oubli. Cela n'empêchait pas PRADON lui-même de dénigrer, dans ses *Nouvelles Remarques*, l'œuvre de son rival :

« Voilà une grande fortune pour notre siècle de voir courir une femme après le fils de son mari et vouloir faire un inceste en plein théâtre... » BOILEAU mettait *Phèdre* au premier rang des tragédies de Racine : voir p. 34, n. 1. On sait comment ce fidèle ami de Racine se fit le défenseur de la tragédie devant le grand Arnauld, s'il faut en croire ce qu'écrit Sainte-Beuve dans son *Port-Royal* (VI, 11), près de deux siècles plus tard : « Un jour qu'il lui portait un exemplaire de *Phèdre* de la part de l'auteur, il se dit qu'il fallait livrer la grande bataille, et soutenir résolument qu'il est telle tragédie qui peut être innocente aux yeux mêmes des casuistes les plus sévères. Arrivé chez Arnauld au faubourg Saint-Jacques, et y trouvant assez nombreuse compagnie de théologiens, il mit la question sur le tapis; il commença par lire le passage de l'avertissement, où l'auteur marque expressément son désir *de réconcilier la tragédie avec quantité de personnes célèbres par leur piété et par leur doctrine, qui l'ont condamnée dans ces derniers temps;* et il développa cette thèse en l'appliquant à *Phèdre*, avec le feu et la verve qu'on lui connaît et qu'il portait agréablement dans ces sortes de scènes. L'auditoire paraissait assez peu convaincu, lorsqu'Arnauld, après avoir tout écouté, rendit cette sentence : *Si les choses sont comme il le dit, il a raison, et la tragédie est innocente.* Et quelques jours après, ayant lu la pièce, il y fit une seule objection : *Cela est parfaitement beau; mais pourquoi a-t-il fait Hippolyte amoureux?* »

XVIII° siècle — En 1716, dans sa *Lettre à l'Académie*, FÉNELON reprend la critique du récit de Théramène :

① « Rien n'est moins naturel que la narration de la mort d'Hippolyte à la fin de la tragédie de *Phèdre*, qui a d'ailleurs de grandes beautés. Théramène, qui vient pour apprendre à Thésée la mort funeste de son fils, devrait ne dire que ces deux mots, et manquer même de force pour les prononcer distinctement : *Hippolyte est mort. Un monstre envoyé du fond de la mer par la colère des dieux l'a fait périr. Je l'ai vu.* Un tel homme, saisi, éperdu, sans haleine, peut-il s'amuser à faire la description la plus pompeuse et la plus fleurie de la figure du dragon ? »

Fénelon observe cependant, de façon plus originale :

② « Racine a fait un double spectacle en joignant à Phèdre furieuse Hippolyte soupirant contre son vrai caractère. Il fallait laisser Phèdre toute seule dans sa fureur ; l'action aurait été unique, courte, vive, rapide... »

Et sans doute le public de 1716 était-il plus sévère que celui de 1677, puisque l'auteur ajoute :
« La mode du bel esprit faisait mettre de l'amour partout ; on s'imaginait qu'il était impossible d'éviter l'ennui pendant deux heures sans le secours de quelque intrigue galante. »

Il est assez surprenant de trouver, dans *l'Esprit des lois* de MONTESQUIEU, le silence d'Hippolyte devant Thésée choisi comme exemple de contradiction entre les lois civiles et les lois de la nature :
« Nous voyons avec plaisir sur nos théâtres un jeune héros montrer autant d'horreur pour découvrir le crime de sa belle-mère qu'il en avait eu pour le crime même : il ose à peine, dans sa surprise, accusé, jugé, condamné, proscrit et couvert d'infamie, faire quelques réflexions sur le sang abominable dont Phèdre est sortie ; il abandonne ce qu'il a de plus cher, et l'objet le plus tendre, tout ce qui parle à son cœur, tout ce qui peut l'indigner, pour aller se livrer à la vengeance des dieux, qu'il n'a point méritée... »   (XXVI, 4.)

Il est beaucoup moins surprenant de trouver chez DIDEROT plusieurs exemples tirés de *Phèdre* dans son *Paradoxe sur le comédien*. Racine restait pour lui « peut-être le plus grand poète qui ait jamais existé » (*lettre* à Sophie Volland, 6 novembre 1760) ; il voyait en lui le peintre de l'émotion :

③ « Dans mille ans d'ici, il fera verser des larmes ; il sera l'admiration des hommes dans toutes les contrées de la terre ; il inspirera l'humanité, la commisération, la tendresse ; on demandera qui il était, de quel pays, et on l'enviera à la France. »

(*Le Neveu de Rameau.*)

VOLTAIRE voit en Racine le maître de la tragédie :

① « Racine passa de très loin et les Grecs et Corneille dans l'intelligence de la passion, et porta la douce harmonie de la poésie, ainsi que les grâces de la parole, au plus haut point où elles pouvaient parvenir. »

(*Le Siècle de Louis XIV.*)

Il croit pouvoir relever, dans *Phèdre*, quelques faiblesses :

② « Le rôle de Thésée est trop faible, Hippolyte trop français, Aricie trop peu tragique, Théramène trop condamnable de débiter des maximes d'amour à son pupille. »

Mais il remarque, un peu plus loin :

③ « Le rôle de Phèdre est d'un bout à l'autre ce qui a été écrit de plus touchant et de mieux travaillé. »

(*Dictionnaire philosophique*, Art dramatique.)

Sa défense du récit de Théramène rejoint celle que Boileau avait tentée contre Subligny :

④ « Qui voudrait qu'on en retranchât quatre vers? Ce n'est pas là une vaine description d'une tempête, inutile à la pièce; ce n'est pas là une amplification mal écrite; c'est la diction la plus pure et la plus touchante, enfin c'est Racine. »

Il faut noter au passage, dans ce siècle où Mlle Clairon et Mlle Dumesnil rivalisaient auprès des spectateurs dans le rôle de Phèdre, l'importance que des écrivains comme Diderot ou Voltaire accordaient aux qualités de la langue et du vers de Racine :

⑤ « Ce rôle, écrit encore Voltaire, est le plus beau qu'on ait jamais mis sur le théâtre dans aucune langue... »

(*Dictionnaire philosophique*, Amplification.)

JEAN-JACQUES ROUSSEAU ne trouvait quant à lui, dans *Phèdre*, que quelques raisons supplémentaires de condamner le théâtre :

⑥ « Les crimes qu'on doit le plus exécrer deviennent au théâtre permis ou pardonnables à la faveur de je ne sais quelles commodes suppositions, et on a peine à ne pas excuser Phèdre incestueuse et versant le sang innocent... »

(*Lettre à d'Alembert sur les spectacles.*)

XIXe siècle — L'admiration que CHATEAUBRIAND voue à Racine tient sans doute à des raisons littéraires : les *Mémoires d'outre-tombe* contiennent cet aveu, qui se rapporte au premier séjour de l'auteur à Paris, vers 1787 :

« Je m'établissais au fond d'une loge et laissais errer ma pensée aux vers de Racine... »

Mais il faut surtout retenir l'analyse que Chateaubriand propose, dans le *Génie du christianisme* (1802), du personnage de Phèdre, analyse qui allait ouvrir la voie à des controverses dont tous les échos ne sont pas encore assourdis :

① « La Phèdre de Racine [...] n'est qu'une épouse chrétienne. La crainte des flammes vengeresses et de l'éternité formidable de notre enfer perce à travers le rôle de cette femme criminelle, et surtout dans la scène de la jalousie [...]. La Phèdre d'Euripide, comme celle de Sénèque, craint plus Thésée que le Tartare [...]. Chez eux on trouve pour ainsi dire des ébauches de sentiments, mais rarement un sentiment achevé; ici c'est tout le cœur :

> *C'est Vénus toute entière à sa proie attachée* [v. 306]!

et le cri le plus énergique que la passion ait jamais fait entendre est peut-être celui-ci :

> *Hélas! du crime affreux dont la honte me suit*
> *Jamais mon triste cœur n'a recueilli le fruit* [v. 1291-92].

Il y a là-dedans un mélange des sens et de l'âme, de désespoir et de fureur amoureuse, qui passe toute expression. Cette femme, qui se consolerait d'une éternité de souffrance, si elle avait joui d'un instant de bonheur, cette femme n'est pas dans le caractère antique; c'est la chrétienne réprouvée, c'est la pécheresse tombée vivante dans les mains de Dieu; son mot est le mot du damné. »

Ainsi l'intelligence que l'on pouvait alors avoir de Racine s'égarait dangereusement, semble-t-il. Ne lit-on pas, sous la plume de l'Allemand Auguste SCHLEGEL, ces étonnantes propositions?

② « Il n'y avait aucune nécessité de faire mourir Hippolyte. Phèdre pouvait se tuer, persuadée que la malédiction de Thésée pousserait Hippolyte à sa perte; Thésée pouvait être éclairé à temps sur l'innocence de son fils; il pouvait révoquer ses vœux adressés à Neptune. Hippolyte pouvait revenir sur la scène [...]. Aricie pouvait être unie à son amant; et on aurait vu l'amour vertueux récompensé tandis que l'amour criminel eût été puni. Si la beauté principale de la pièce consiste dans le rôle de Phèdre, comme on en convient, cela n'aurait pu lui nuire aucunement. »

(*Comparaison entre la « Phèdre » d'Euripide et celle de Racine*, 1807.)

STENDHAL admirait beaucoup Racine, et *Phèdre* en particulier, dans sa jeunesse. Son *Journal* nous apprend qu'en 1803 il triomphait dans le rôle de Thésée où il se voulait l'émule de Talma. *Phèdre* était alors, pour lui, « l'une des deux premières pièces françaises ». Mais la découverte de Shakespeare détourne son enthousiasme vers le dramaturge anglais : Racine lui paraît « trop courtisan » et, s'il salue en lui « l'un des plus grands génies qui aient été livrés à l'étonnement et à l'admiration des hommes », c'est pour ajouter aussitôt après :

③ « S'il vivait de nos jours, et qu'il osât suivre les règles nouvelles, il ferait cent fois mieux qu'*Iphigénie*. Au lieu de n'inspirer que de l'admiration, sentiment un peu froid, il ferait couler des torrents de larmes... »

(*Racine et Shakespeare*, I, 1823.)

Les Romantiques dans leur ensemble ne pensèrent pas autrement que Stendhal, en ce qui concerne Racine.

Dépassant l'admiration exclusive pour Shakespeare qu'affichaient ses contemporains, SAINTE-BEUVE tente, en 1829 (*Portraits littéraires*), de confronter Racine à ses modèles grecs, en particulier à propos de *Phèdre*. Mais c'est pour conclure :

① « Cette pièce est encore moins dans les mœurs grecques que *Britannicus* dans les mœurs romaines [...]. Euripide lui-même laisse beaucoup sans doute à désirer pour la vérité; il a déjà perdu le sens supérieur des traditions mythologiques que possédaient si profondément Eschyle et Sophocle; mais du moins chez lui on embrasse tout un ordre de choses; le paysage, la religion, les rites, les souvenirs de famille constituent un fond de réalité qui fixe et repose l'esprit. Chez Racine, tout ce qui n'est pas Phèdre et sa passion échappe et fuit : la triste Aricie, les Pallantides, les aventures diverses de Thésée laissent à peine trace dans notre mémoire [...]. Dans Euripide, Vénus apparaît en personne et se venge; dans Racine, *Vénus toute entière à sa proie attachée* n'est qu'une admirable métaphore. »

Sainte-Beuve revint plus tard (dans *Port-Royal*, 1840) sur ce jugement, reconnaissant qu'il avait « donné dans l'illusion » en cherchant dans une œuvre « d'innombrables et splendides détails additionnés et qui font tas : en définitive, ces trésors-là sont un peu trop pareils à ceux des rois barbares ». Voici comment il rend alors justice à Racine :

② « En ne sortant pas un seul instant de l'originalité distincte qu'il portait et cachait en ses œuvres harmonieuses, en ne cessant jamais de faire ce que lui seul eût pu faire, il marcha toujours, variant ses progrès, diversifiant ses tons, poussant sur tous les points ses qualités même les plus tendres et les plus enchanteresses à une sorte de grandeur, jusqu'à ce qu'il arrivât, après cette adorable suite des Bérénice, des Monime et des Iphigénie, à ce caractère de Phèdre, aussi tendre qu'aucun et le plus passionné, le plus antique et déjà chrétien, le plus attachant à la fois et le plus terrible sous son éclair sacré. »

Ce retour à Racine fut, quelques années après, encouragé par l'interprétation que donna, de la plupart de ses tragédies, la comédienne RACHEL. Elle joua *Phèdre*, avec un immense succès, le 24 janvier 1843; mais, dès 1839, elle ne faisait pas mystère de son admiration pour cette pièce. ALFRED DE MUSSET raconte ainsi une soirée qu'il passa avec l'actrice, à la sortie du Théâtre-Français, chez elle :

« Rachel et moi, nous commençons à lire *Phèdre*, le livre posé sur la table entre nous deux. Tout le monde s'en va. Rachel salue d'un léger signe de tête chaque personne qui sort et continue sa lecture. D'abord elle récite d'un ton monotone, comme une litanie. Peu à peu elle s'anime. Nous échangeons nos remarques, nos idées sur chaque passage. Elle arrive enfin à la déclaration. Elle étend alors son bras droit sur la table; le front posé sur la main gauche, appuyée sur son coude, elle s'abandonne entièrement. Cependant elle ne parle encore qu'à demi-voix. Tout à coup ses yeux étincellent, — le génie de Racine éclaire son visage; elle pâlit, elle rougit. — Jamais je ne vis rien de si beau, de si intéressant; jamais au théâtre elle n'a produit sur moi autant d'effet... »

(*Un Souper chez Mademoiselle Rachel*, 1839.)

Sans doute admirait-on davantage l'actrice et son jeu pathétique que les vers de Racine : LAMARTINE, dans son *Cours familier de littérature*, vers 1860, trouvait encore la langue de *Phèdre* « molle et langoureuse ». Au terme de ce « long malentendu où le génie français perd les traces de Racine », il fallait, pour que le siècle adopte les héroïnes raciniennes, « qu'elles lui paraissent renouvelées par un rayon de romantisme » (Pierre MOREAU).

XXe siècle — Les conférences que JULES LEMAITRE prononce avant de les réunir en ouvrage (*Jean Racine*, 1908) ramènent l'art de Racine à des proportions plus discrètes. Tout en reconnaissant que *Phèdre* « est la plus enivrante des tragédies de Racine » et que « dans aucune il n'a mis plus de paganisme ni plus de christianisme à la fois; dans aucune il n'a embrassé tant d'humanité ni mêlé tant de siècles », l'élégant conférencier donne de *la fille de Minos et de Pasiphaé* une image bien rassurante :

① « Phèdre est une conscience tendre et délicate, elle sent le prix de cette chasteté qu'elle offense : elle est torturée de remords; elle a peur des jugements de Dieu. Victime d'une fatalité qu'elle porte dans son corps ardent et dans le sang de ses veines, pas un instant sa volonté ne consent au crime. Le poète s'est appliqué à accumuler en sa faveur les circonstances atténuantes [...]. Pâle et languissant, n'ayant dormi ni mangé depuis trois jours, jalousement enfermée dans ses voiles de neige, pareille à quelque religieuse consumée au fond de son cloître d'une incurable et mystérieuse passion [...], on la plaint, on l'aime, on l'absout. »

Combien plus pénétrantes nous apparaissent les analyses de CHARLES PÉGUY s'essayant, dans *Victor-Marie, comte Hugo* (1912), à l'éternel parallèle de Corneille et de Racine :

② « Tout est adversaire, tout est ennemi aux personnages de Racine [...]. La cruauté est partout dans Racine. Elle est, elle fait le tissu même de son œuvre [...]. Ces malheureux personnages de Racine, ils ont tellement la cruauté dans le sang que même quand ils ne sont pas ennemis, même quand ils ne se battent pas, ils se blessent toujours [...]. Même quand ils ne se veulent pas de mal, ils s'en font [...]. Et ils finissent toujours par se vouloir du mal, ne fût-ce que de s'en faire et de s'en être fait [...]. Tout est adversaire, tout est ennemi aux personnages de Racine; les hommes et les dieux; leur maîtresse, leur amant, leur propre cœur... »

Et à l'inverse de ce qu'écrivait le jeune Sainte-Beuve, Péguy affirme :

① « Il y a infiniment plus de religion, je dis grecque, païenne, dans *Phèdre*, plus d'antique et de culte et de rite et de piété grecque, antique, païenne que dans les subtilités, dans les malices, dans les perpétuels procès d'Euripide. »

Cette vision d'un monde de la perdition, dont *Phèdre* serait l'image accomplie, JEAN GIRAUDOUX la découvre à son tour chez un Racine étranger selon lui aux affres d'une conscience tourmentée par l'idée de Dieu mais attiré par la peinture de la cruauté :

② « Contrairement à ce qui se passe chez Corneille, le personnage dans Racine est toujours plus tendu que le drame, et ce drame ne semble pas être, comme on l'a dit, la crise finale ou le paroxysme de la passion de ces héros, mais presque leur état habituel. Il nous est difficile d'imaginer Polynice, Hermione, Phèdre, Oreste ou Athalie dans des moments doux et tranquilles. Ils ne les ont pas eus dans la vie [...]. Dans l'enfer de Racine, toutes les ombres de ces héros morts se retrouvent avec des passions terriblement intactes et peuvent reprendre aussitôt entre ombres leur lutte passionnée [...]. C'est en cela qu'est la vraie unité du théâtre de Racine et qu'elle rend inutiles les trois unités : en tout lieu, en tout temps, à toute phase, l'intrigue serait la même pour ces personnages qui n'ont pas ces souvenirs d'enfance et d'innocence, ces aventures courantes communes aux hommes, qui n'ont jamais vécu dans le domaine où s'opère la réconciliation et se manifeste l'égalité, qui n'ont que des souvenirs de passion. Racine a trouvé l'altitude parfaite de la tragédie, c'est celle des grands meurtres. Les âmes noires y volent à toute allure et à leur plafond le plus haut. »

(*Racine*, 1927, — repris dans *Littérature*, 1941.)

Pour FRANÇOIS MAURIAC (*la Vie de Jean Racine*, 1928), la tragédie de *Phèdre*, « la plus fidèlement imitée d'Euripide (et de Sénèque), la moins originale en apparence », est pourtant « la plus racinienne, celle où Racine livre tout son secret » :

③ « Phèdre, cette reine mourante et dont se dérobent les genoux, si elle appartient à la même race que les autres amantes raciniennes, nous révèle dès ses premières plaintes qu'elle se meut dans un autre univers : Hermione, Roxane suivaient la loi de leur sang; elles ne connaissaient aucune autre loi que la chair et le sang; elles se précipitaient, somnambules, vers l'objet de leur faim; elles n'imaginaient pas qu'elles pussent offenser personne. Racine communique à Phèdre, durant les années qu'elle se forme en lui, cette certitude, fatale au bonheur humain, que l'amour charnel est le mal, le mal que nous ne pouvons pas ne pas commettre [...]. *Il faut aller jusqu'à l'horreur quand on se connaît*, écrit Bossuet au maréchal de Bellefonds. Phèdre va jusqu'à cette horreur. Elle est fille des dieux, fille du ciel; elle le sait, de cette même science qui était celle de

Racine dans le temps où il l'a mise au monde. Lui aussi, dès qu'il a commencé de balbutier, ce fut pour adorer le Père qui est au ciel; et à travers tous les désordres où sa jeunesse l'engagea, il ne perdit point le souvenir de sa filiation divine. Dans le pire abaissement, le chrétien se reconnaît comme fils de Dieu. »

S'éloignant lui aussi d'un Racine qui ne serait que « le symbole d'un art fait d'expérience lucide et moyenne, de pudeur et de clarté », THIERRY MAULNIER (*Racine*, 1936) voit au contraire, dans l'œuvre de Racine, « le théâtre le plus dur et la poésie la plus sauvage, la peinture de tout ce que la condition humaine a d'inexorable et de tout ce qu'ont d'émouvant les vertiges du cœur ». La mythologie est pour lui le cadre nécessaire de la tragédie, « parce que la légende seule préserve les vérités générales de sombrer dans l'allégorie :

① « Phèdre n'est pas l'inceste, et elle n'est pas le remords, et elle n'est pas la prédestination; elle est une légende, c'est-à-dire d'abord une histoire : l'histoire où l'ascendance, et la mort, et la passion, et le crime, et la fatalité même, portent un nom et un visage, histoire de Phèdre et de nulle autre. Chercher des héros dans la légende n'est pas recourir aux figures métaphoriques dont l'éloquence arme de torches ou de balances, animer sur la scène les froides statues de la vengeance, de la piété filiale, de l'injustice ou du pardon. La tragédie ne veut pas donner une forme humaine à la passion, mais faire éclater tout ce qui peut s'enfermer de passion dans une forme humaine. La légende accorde aux êtres cette densité, ce poids, ce pouvoir d'existence qu'ajoute une croyance immémoriale à la vérité ou à l'erreur. »

PIERRE MOREAU (*Racine, l'homme et l'œuvre*, 1943) insiste de son côté sur les dimensions que donnent aux héros de Racine les dieux de la légende :

② « Grandis par leur mission, ou par le jour fabuleux qui les éclaire, par l'hérédité divine qui rattache Aricie à la Terre, Phèdre au Soleil, ces personnages, qui disent nos passions et nos tourments, vivent sur un plan qui n'est pas le nôtre, à mi-chemin d'un monde invisible. » A tout moment le drame divin double le drame humain et l'explique [...]. C'est bien ce sens divin de l'univers, qui prend à témoin le soleil, ou fait participer les vents, la mer, au drame, ou anime de témoins silencieux le ciel et la terre :

Le ciel, tout l'univers est plein de mes aïeux [v. 1276].

» Les dieux sont aussi dans l'amour : Œnone les cite pour y pousser Phèdre; Phèdre les voit à travers Hippolyte :

Tel qu'on dépeint nos Dieux, ou tel que je vous voi [v. 640].

» Et surtout les dieux sont dans la mort. Car la religion de la cité antique est la religion des morts. C'est auprès d'un tombeau que Racine a vu l'Andromaque de Virgile; c'est à un tombeau qu'il la conduit à son tour; le Cocyte, l'Achéron, le tribunal de Minos se dessinent dans les souvenirs de Thésée et dans les remords de Phèdre . »

Plus près de nous, des critiques ont tenté de retrouver « quelques-uns des rapports qui ont pu unir, au cours d'un siècle fameux, les conditions sociales de la vie et ses conditions morales »; ils ont eux aussi rencontré Racine et *Phèdre*.

Paul Bénichou écrit, dans *Morales du Grand Siècle* (1948) :

① « Les racines confondues de l'inimitié et de l'amour ne plongent nulle part aussi profondément que dans le cœur de Phèdre. La haine de celui qu'elle aime emprunte chez elle un surcroît de force à l'impossibilité morale où elle se trouve de s'abandonner à son désir. Parce que l'amour qu'elle a pour Hippolyte la persécute, elle le voit lui-même comme un persécuteur [...].Cet état de torture passive n'attend qu'une occasion pour se changer en agression : la découverte des amours d'Hippolyte et d'Aricie libère la haine latente de Phèdre; elle dénonce à Thésée son innocent persécuteur en lui imputant son propre crime. De sorte que *Phèdre* nous représente un véritable délire de persécution, issu d'un amour coupable et aboutissant à un attentat. »

Et Lucien Goldmann (*le Dieu caché*, 1955) voit en *Phèdre* :

② « ...la tragédie de l'espoir de vivre dans le monde sans concession, sans choix et sans compromis, et de la reconnaissance du caractère nécessairement illusoire de cet espoir. »

2. La poésie du langage dans « Phèdre »

L'abbé Henri Brémond (*Racine et Valéry, Notes sur l'initiation poétique*, 1930) emprunte à cette tragédie nombre d'exemples : « Racine poète d'abord, j'entends, lorsqu'il écrit *Phèdre;* uniquement et passionnément appliqué à capter le chant dont les cadences lointaines le sollicitent... » Dans *Phèdre*, plus que dans toute autre œuvre du poète, l'abbé Brémond trouve de ces « talismans poétiques » dont la puissance incantatoire sauve ce qui ne serait, selon lui, que platitudes; et c'est comme à plaisir qu'il accumule les reproches à propos de la scène 1 de l'acte I, pour conclure néanmoins : « ... et, après quelques pauvres alexandrins languissants, éclate le grand sortilège :
La fille de Minos et de Pasiphaé...
Phèdre peut venir, elle nous trouvera tout accordés. »

André Gide note dans son *Journal* (18 février 1934) :

③ « *Phèdre*, que je relis aussitôt après [*Iphigénie*], reste incomparablement plus belle. Auprès de *Phèdre* on sent mieux cette sorte d'application qui, en dépit de sa perfection, donne à *Iphigénie* le caractère un peu d'un devoir admirablement réussi, mais qui reste extérieur à Racine. Dans *Phèdre* soudain je le sens qui se commet lui-même, se livre et m'engage avec lui. Quels vers! Quelles suites de vers! Y eut-il jamais, dans aucune langue humaine, rien de plus beau? »

PAUL VALÉRY conclut ainsi une étude publiée dans *Variété V* (1944) :

① « Forme qui accomplit la synthèse de l'art et du naturel, semble ignorer ses chaînes prosodiques dont elle se crée, au contraire, un ornement et comme une draperie sur le nu de la pensée. Toute la discipline de notre grand vers ici conserve et développe une liberté de qualité supérieure, imprime au discours une facilité dont il faut quelque réflexion pour concevoir la science et le travail de trans-mutations qu'elle a dû coûter. »

PIERRE MOREAU se livre à des analyses plus précises :

② « Musique évocatrice ou suggestive plutôt qu'imitative, et qui reproduit les mouvements du cœur plus souvent que les bruits de la nature. La lassitude de Phèdre passe en une marche amollie dans ce *vers sans muscles* où l'allitération des *m* quatre fois répétés vient étouffer, amortir tout éclat et toute vie :

Phèdre meurt dans mes bras d'un mal qu'elle me cache [texte exact au v. 146];

puis la voix s'élève en une plainte perçante, sur une quadruple note en *i* :

Tout m'afflige et me nuit, et conspire à me nuire [v. 161]. »

Au terme des pages qu'il consacre à *Phèdre*, « ce chef-d'œuvre le plus admirable de Racine et sans doute de toute notre littérature », dans son *Histoire de la Littérature au XVIIᵉ siècle* (t. IV, p. 370-73), ANTOINE ADAM dégage ainsi les grands thèmes autour desquels s'ordonnent les jugements de nos contemporains :

③ « [Racine] avait, en écrivant *Phèdre*, retrouvé l'esprit de la tra-gédie antique. Il avait retrouvé le tragique. De cette découverte, il n'est pas douteux qu'une expérience personnelle avait été la condi-tion nécessaire [...]. Racine a vu le gouffre où certaines vies courent le risque de s'enfoncer, et il n'a pu le voir qu'en lui-même. Déjà *Britannicus* et *Bajazet* avaient laissé deviner une connaissance intime et terrifiante du péché. Elle éclate dans *Phèdre* avec toute sa force. » Mais à cette expérience Racine a su donner dans *Phèdre* une expres-sion qui nous bouleverse parce qu'il en a dégagé la valeur universelle, si bien que sa pièce, ce n'est pas son propre drame, mais le drame de l'humanité aux prises avec les puissances du mal. Cette Phèdre dont les genoux se dérobent, qui s'avance comme une somnambule, c'est le poids de notre destin qu'elle porte et qui l'écrase [...]. » Pour nous Français, elle a un autre sens encore [...]. Il a fallu les poètes de l'école romantique pour rester insensibles à la beauté du vers racinien, à cette beauté qui atteint dans *Phèdre* sa perfection. Ils ont jugé son vocabulaire indigent, et pauvres ses rimes. Accou-tumés à rechercher les effets les plus grossiers, ils n'ont pas entendu ce chant pur, ils n'ont pas soupçonné cette science du rythme, où des éclats brefs viennent rompre les périodes, où la phrase se tend, se prolonge, se gonfle sous les poussées de la passion, éclate et se brise dans la colère ou le désespoir. »

TABLE DES MATIÈRES

BERGER-LEVRAULT, NANCY

778122-6-1973   Dépôt légal 2ᵉ trimestre 1973

D/1968/0190/30 - 9ᵉ éditon 1973